손에 잡히는

자미두수

손에 잡히는 경전시리즈 [11] **자미두수**

- 2쇄 2024년 4월 5일
- 편저 김선호   편집 대유학당
- 편집인 이연실 임선미
- 발행인 이연실   발행처 대유학당
- 출판등록 1993년 8월 2일 제 1-1561호
- 주소 서울 성동구 아차산로 17길 48. SK V1 센터 1동 814호
- 전화 (02)2249-5630   010-9727-5630
- 블로그 대유학당 갑시다
- 유튜브 대유학당 TV

- 여러분이 지불하신 책값은 좋은 책을 만드는 데 쓰입니다.
- ISBN 978-89-6369-035-3
- 값 10,000원

3부 명궁 외 11궁에 들어갔을 때의 14정성

(1) 형제궁 … 125
(2) 부처궁 … 132
(3) 자녀궁 … 139
(4) 재백궁 … 147
(5) 질액궁 … 155
(6) 천이궁 … 162
(7) 노복궁 … 169
(8) 관록궁 … 176
(9) 전택궁 … 183
(10) 복덕궁 … 190
(11) 부모궁 … 197

4부 보좌살성과 사화

(1) 보성(輔星) … 205
 좌보/ 우필/ 천괴/ 천월
(2) 좌성(佐星) … 209
 문창/ 문곡/ 녹존/ 천마
(3) 살성(煞星) … 213
 경양/ 타라/ 화성/ 영성
 지공/ 지겁
(4) 사화(四化) … 218
 화록/ 화권/ 화과/ 화기

5부 잡성

(1) 형요성 … 239
 천형/ 천요
(2) 공망성 … 241
 천공/ 순공/ 절공
(3) 백관조공성 … 242
 삼태/ 팔좌/ 은광/ 천귀
 태보/ 봉고/ 용지/ 봉각
(4) 사선성·삼덕성 … 245
 천관/ 천복/ 천재/ 천수
 천덕/ 월덕/ 용덕
 해신/ 천무/ 천주
(5) 도화성 … 250
 홍란/ 천희/ 대모/ 함지
 목욕
(6) 고독손모성 … 253
 천곡/ 천허/ 고신/ 과수
 음살/ 겁살/ 비렴/ 파쇄
 화개/ 천월/ 천상/ 천사
(7) 장생십이신 … 259
(8) 박사십이신 … 263
(9) 태세십이신 … 266
(10) 장전십이신 … 272

부록 ■ 명반작성법 … 278
 ■ 묻고 답하기 … 284

일러두기

① 이 책은 '손에 잡히는 경전 시리즈'의 열한 번째 책으로, 대유학당에서 출간된 『자미두수입문』의 내용을 재구성한 것이다.

② 이 책은 『자미두수입문』이나 『왕초보 자미두수』를 보신 분이라면 훨씬 유용하게 사용할 수 있다. 작은 크기이므로 가지고 다니면서 외우는 용도의 자미사전이라고 생각하면 좋겠다.

③ 명반작성법이라든가 이두식 추론법 등의 더 자세한 내용은 『중급자미두수』와 『자미두수전서』, 『실전자미두수』, 『심곡비결』 등을 보는 것이 좋다.

④ 책을 읽을 때 반드시 자신이 어느 명반을 가지고 태어났는지 확인하는 것이 필요하다. 대유학당 웹하드 www.webhard.co.kr 아이디 : daeyoudang 패스워드 : 9966699 자미두수 무료공개 프로그램을 다운 받을 수 있다. 다운 받아 설치 후 생년월일시를 입력하면 자신의 명반을 쉽게 찾을 수 있다.

이 책의 구성과 활용

① 앞면지는 책 전체의 목차다.
② 총 5부와 부록으로 구성되어 있으며, 뒷면지의 명반 배치도로 자신의 명반을 찾은 후 읽기 시작한다.
③ 1부는 명궁에 어느 정성이 있는가에 따라 설명하였다.
④ 2부는 쌍성조합인 동궁한 별들의 조합인 24가지를 설명하였다.

⑤ 3부는 14정성이 십이사항궁(형제궁, 부처궁, 복덕궁 등)에 들어갔을 때를 설명하였다.
⑥ 4부는 보좌살성과 사화를 설명하였다.
⑦ 5부는 10가지 항목으로 나누어 잡성을 설명하였다.
⑧ 부록에는 명반작성법을 요약하고, 공부하면서 가장 많이 하는 질문을 모아 놓았다. 참고하면 도움이 될 것이다.

1부

명궁의 14정성

넓은 의미에서 명궁은 나머지 11개 사항궁을 대표한다. 주로 자기의 본질, 생김새, 격국 등을 살펴볼 수 있다.

身宮은 명궁과 체용관계이면서 건강, 격국의 고저, 성격, 후반생의 길흉 여부 등에 영향을 미친다.

명궁과 나머지 11개 사항궁은 그물과 벼리와 같은 관계여서 다른 11궁을 살필 때도 반드시 명궁과 체용관계로 보고 판단해야지, 명궁을 도외시한 독립적인 궁의 득실만 따지다 보면 추론을 잘못하기 쉽기 때문에 특히 유의해야 한다.

가령 부모궁을 볼 때도 반드시 명궁과 부모궁을 배합하여 부모와의 정의 후박을 보고, 부모의 존몰 상황, 부모의 건강 상황(장자라야 맞음)을 보며, 윗사람과 접촉할 연분의 후박을 봐야 하는 것이다. 다른 궁도 이렇게 본다.

자미, 천기, 태양, 무곡, 천동, 염정, 천부, 태음, 탐랑, 거문, 천상, 천량, 칠살, 파군의 순서로 되어 있다.

(1) 자미(紫微)

帝 자미는 "임금 제(帝)" 자로 그 특성을 유추할 수 있다. 지존무상·리더십·권위·권력·개창능력·포용력·행정능력·자존심·체면·명분·흑백분명·명예·도화 등 황제의 특징들을 대부분 가지고 있다.

자미는 일국을 다스리는 황제지만 보필하는 신하가 있어야 국정운영이 순조롭기 때문에 자미를 볼 때는 백관이 조공하고 있는가의 여부를 우선 살펴야 한다.

여기서 백관이란 옛날

자미성군(紫微星君)

❖ 이 그림은 乙德上人이 지은 『紫微斗數精技傳授 : 1998년 대만 무릉출판사』란 책에서 발췌하였으며, 앞으로 나오는 그림들도 같다.

조정의 문무백관의 대신들을 말하는 것으로 그 대신과 같은 역할을 하는 보좌성과 잡성을 말한다. 그러한 성들이 비추면 보필하는 신하들의 보좌를 받아 국정을 원만하게 수행해서 황제의 위엄과 능력을 제대로 발휘하게 되므로 위와 같은 자미의 성정들이 긍정적으로 드러난다.

그러나 만약 자미에 백관조공이 없다면 고군(孤君 : 외로운 임금)이라 하고, 백관조공도 없으면서 살까지 보면 무도지군(無道之君 : 무도한 임금)이 되는데, 이런 경우 자미의 속성은 독야청청·패도·강권·강제·무능력·고립·권모술수·고집·체면불구·허풍·탈속·음란 등으로 나타나게 된다.

백관조공(百官朝拱) 백관조공의 성으로는 좌보·우필, 천괴·천월, 문창·문곡, 삼태·팔좌, 은광·천귀, 태보·봉고, 용지·봉각 등이 있다. 여기서 보좌하는 역량이 가장 강한 것은 좌보·우필이고, 다른 성 없이 보필만 비추더라도 백관조공이 된다고 본다. 괴월과 창곡 역시 보좌하는 역량이 강한 편이나 보필에 미치지는 못한다. 나머지 성들은 그 역량이 미미하다고 본다.

부상조원(府相朝垣) 정성 중에는 재물을 의미하는 천부와 명예와 신용을 의미하는 천상을 보는 것을 좋아하며, 이런 성들이 비추는 것을 부상조원(府相朝垣 : 천부와 천상이 조원함)이라 한다. 그러나 부상조원이 되더라도 반드시 백관조공을 봐야 고군이 되지 않는다.

삼태(三台) 또 『전서』에는 자미가 있는 궁을 중태·부모궁을 상태·형제궁을 하태라고 해서 이 3태가 좋아야 한다고 하는데, 이는 성이 아니라 궁(宮)의 측면에서도 보좌가 필요함을 말한 것이다.
자미가 이렇게 성과 궁 양면으로 백관조공이나 보좌가 필요하다는 것을 뒤집어 생각해보면, 자미가 좌한 명의 성패는 주위의 인재를 선용하는 것과 그 사람이 처한 환경에 있다고 해도 과언이 아니라는 뜻이다. 그래서 특별히 자미가 좌한 명은 백관조공뿐만 아니라 협궁인 부모·형제궁의 상황을 유심히 살펴야 한다.

성격 자미의 성격은 곧고 바르며 행동거지가 무겁고 기품이 있으며 관대하다. 약자에게 약하고 강자에게 강하며, 자기 속내를 잘 드러내지 않으나 내심 주관이 강하고 흑백이 매우 분명하여 종종 극단적이기 쉽다. 체면과 명분을 중요시하는 속성 때문에 고대사회에서는 적응력이 강했으나, 현대사회에서처럼 분방하고 평등한 분위기에서는 적응력이 좀 떨어지는 감이 있다.

인생이 뜻대로 되지 않으면 타협하지 않고 고립을 자초하거나 탈속해서 고고하게 살려는 경향이 있다.

자미는 왕으로서 온갖 신민(臣民)을 상대해야 하므로 포용력과 도량이 있는데, 이러한 자미의 속성은 살성에 대한 저항력과 해액능력(解厄能力)으로 나타나므로 다른 성처럼 살을 보는 것을 꺼리지 않으나 살성의 부작용을 혼자 감내해야 하므로 몸과 마음에 고생이 많고 고립되며 성격도 치우치고 극단적이기 쉽다.

정성 중에서 파군·칠살 등은 꺼리지 않고 유독 탐랑만을 꺼려 '도화범주(桃花犯主)'라고 해서 나쁘게 보는데, 이는 자미의 본질이 부드럽고 나긋나긋한 성향(陰柔)의 성을 싫어하므로 유독 탐랑을 꺼리는 것이다. 자미가 명궁에 있는 사람은 상대가 강경하게 압력을 가하면 가할수록 투지가 더욱 더 강해지고 커지지만, 상대가 눈물을 보이거나 하면 약해져버리는 특성이 있다.

어울리는 직업 공무원·교사·교수·정치인·임원·법조계·문화예술인·신문·방송인·의료인 등에 적합하다.

(2) 천기(天機)

 천기에서 '천(天)'은 하늘의 별이라는 뜻이고, '기(機)'에 그 실질적인 뜻이 다 들어 있다.

기(機)는 '틀 기'로 여러 가지 의미가 있다. 기계·조짐·전조·때·시기·기틀·지도리·천문·작용·활동 등의 뜻이 있는데, 천기는 이러한 의미의 대부분을 가지고 있다.

기교(機巧) ~ 교묘한 꾀, 책략
기변(機變) ~ 임기응변의 계책
기연(機緣) ~ 기회, 계기

위의 몇 단어에서 알 수 있듯이 천기는 꾀·책략·기회 등을 의미하는 성으로 흔히 모사·군사·책사 등으로 비유한다.

유방의 군사인 장량, 유

천기성군(天機星君)

비의 군사인 제갈공명 등에서 보듯이 책사는 기본적으로 주군(主君)을 만나는 것이 책사로서 성공 여부가 결판나기 때문에, 궁으로는 부모궁(상사궁)을 예의주시 해야 하고 성으로는 기회나 발탁을 의미하는 천괴·천월을 보는가의 여부가 매우 중요하다.

한나라 고조가 중국을 평정하고 논공행상을 할 때 "영중의 장막 안에서 계책을 운용하여 천리 밖에서 승리를 결정지었다" 하여 최고의 공훈으로 쳤듯이, 일을 벌이기 전에 일의 결과를 알 수 있는 기미, 조짐, 계책의 뜻이 있다.

천기는 책사가 그러하듯 대부분 꾀가 많고 임기응변에 능하며 언변이 좋고 기지가 있다. 그러나 함지이면서 살을 보면 기(機)의 뜻이 오히려 기심(欺心 : 간교하게 속이는 마음)으로 변해서 위인이 잔재주를 피우며 모략을 일삼고 간사해진다.

천기에는 기(機)와 발음이 같은 '기(嗜 : 즐길 기)'와 '기(技 : 재주 기)'의 의미도 있다. 손재주·말재주 등 여러 가지 재주가 많아 전형적인 기술성이기도 하며, 특히 계산·설계·발명 등에 능하나 여러 일에 관심이 많아서 오히려 깊이가 부족할 소지도 있다.

천기의 기는 '기(祈 : 빌 기)'의 의미도 있다. 기도로 대변

되는 종교·신앙뿐만 아니라 오술·기공·철학 등에 흥미가 많다.

기본 명반의 구조를 보면 형제궁에 천기가 있는데, 이것으로 천기가 형제를 의미함을 알 수 있다. 형제의 의미를 확대해서 지체(肢體)·손발·지엽적인 것·신경·측근·친구 등으로 해석하기도 한다.

천기는 정밀기계처럼 본성이 민감한 성이기 때문에 살의 간섭을 싫어한다. 기계에 이물질이 들어가면 오작동을 일으키듯 천기가 살을 보면 천기의 본성이 왜곡되게 나타나서 여러 가지 불리한 현상이 나타난다.

성격 천기의 성격은 민감하고 신경이 예민하며 이지적이고 아이큐가 높다. 새로운 것을 좋아해 시대조류에 매우 발 빠르게 적응하는 면이 있으나 실천력이 부족해 말만 많고 행동하지 않는 경향이 있다. 묘왕지에 있으면 위인이 매우 선량하고 사려 깊으며 군자의 풍모가 있으나, 함지에 있으면 방정맞고 이기적이며 기회주의자가 되고 용두사미에 뜬구름 잡는 짓을 잘하며 안정되지 못하고 도덕 관념이 없다.

천기가 수명하면 대운이나 유년을 막론하고 모두 탐랑운을 행하는 것을 꺼린다. 말할 수 없이 접대가 많고 밤낮으로 일 없이 분주하게 된다.

어울리는 직업 전문기술(강사·설계사 등 기술과 이론을 병합한 것)·탤런트나 기자와 같은 대중 전파업·종교·철학·교육·술수(산·의·명·복·상)·작가·참모·비서·고문·운수업·전자업·컴퓨터·기계·미술·설계·요리 등의 직업에 적합하다.

(3) 태양(太陽)

日 태양은 말 그대로 "태양(日)"을 통해 성질을 유추해 볼 수 있다. 태양은 14정성 중에 유일하게 실질적인 빛과 열을 발산하는 성이기 때문에 자미두수에서 태양은 매우 중요한 성의 하나다.

자미·천부를 포함한 모든 성들이 태양의 빛에 의지하므로 태양의 묘왕평한함은 명반 전체에 영향을 미치게 된다.

태음과 마찬가지로 태양도 궁에 따라 강약이 다르다. 인궁부터 미궁까지의 태양이 활동하는 시간대의 태양이라야 좋다. 또 낮에 태어난 사람에게 좋고 밤에 태어난 사람은 좋지 않다.

주성(主星) 낮(인시에서 미시)에 태어난 사람이 태양이 좌명할 때 태양은 자미·천부처럼 주성이 되어

태양성군(太陽星君)

백관조공이 필요하며, 백관조공이 없으면 자미처럼 고군이 된다.

태양은 혼자서 자신을 태우면서 빛과 열을 방출한다는 점, 그리고 태양은 아무런 보상을 받지 않는다는 점에서 태양이 가지고 있는 다양한 성질을 유추해 볼 수 있다.

주기만 하고 받지 않으니 희생, 봉사, 공익의 암시가 있고, 열과 빛은 생존의 필수조건으로 소중하고 귀한 것이니 귀(貴)를 주관하며, 그 빛이 대상을 가리지 않으므로 대중, 국가, 전체, 국민 등의 의미를 가지고 있다. 이러한 태양의 성질 때문에 관록의 성이 되고 정치의 성이 되기도 한다.

또 태양은 가정의 아버지처럼 끊임없이 활동하면서 천하창생을 살리고, 태음은 어머니처럼 그 태양의 빛을 받아서 밤을 비추니 태양은 아버지, 태음은 어머니를 의미한다.

광범위하게는 태양을 남성(아버지, 남편, 아들, 남명자신, 남자형제 등), 태음(어머니, 딸, 부인, 여명자신, 여자형제 등)을 여성으로 상징하기도 한다.

태양이 명·신궁에 좌하면 남성 육친을 극한다.

태양은 거문·태음·천량 등의 성에 아주 강력한 영향을 주게 되고, 이 태양의 영향을 받은 거문·천량에 의해 두 별이 협하는 천상 또한 그 길흉에 영향을 받으며, 또 이 천상은 삼방에서 만나는 천부에게 영향을 주고, 천상과 천부는 흔히 살파랑과 조합되는 경우가 많으므로 태양의 건전성 여부는 명반 전체에 심대한 영향을 끼친다.

녹존은 재를 주관하므로 태양의 귀하나 부하지 못하는 결점을 보완해주고, 화권은 태양의 귀에 힘을 실어주므로 그 권위 리더십 지위를 더해준다. 보필·괴월·창곡 등의 성을 좋아한다.

살성 중 겁공은 다른 악살이 간섭만 하지 않는다면 화공즉명(火空則明 : 화성이 공망을 보면 밝게 된다)의 현상이 있으나, 경우에 따라서는 너무 이상이나 환상에 치우치기 쉬운 단점을 야기한다. 화성·영성은 대체로 꺼리지 않으나, 경양·타라를 극히 꺼려서 만약 만나게 되면 '인리산재(人離散財 : 사람과는 헤어지고 재물은 흩어짐)'가 되는데, 임상에서 매우 잘 맞는다.

성격 태양의 성격은 명예에 집착하고 베풀거나 나서기를 좋아하며 공명정대한 성격을 가지고 있다. 입바른 소리를 잘하며 이상이 높고 금전 관념이 적으며 시비구설이 많이 따른다.

어울리는 직업 공무원·학술·군·경·사법·정치·자선사업·의약·보험·운동·무역·영업·교통·대리점 등과 같은 직업에 적합하다.

(4) 무곡(武曲)

財 무곡의 화기(化氣)는 재다. 재백궁을 주장하며 재백을 맡는다는 성이다. 기본 명반에서 보면 무곡은 고장지(庫藏地)인 진궁 재백궁에 좌하고 있다. 재성이기 때문에 금전 관념이 강하고 실용주의 노선을 걸으며 현실적인 경향이 있다.

돈이란 저장하고 저축하고 아껴야 하는 물건이라 주인 외에는 손을 적게 타야 한다는 의미에서 '과(寡 : 적을 과)'의 의미가 있다. 그래서 무곡은 과수(寡宿)의 성이기도 하다.

이러한 과수적인 성정은 성격에도 나타나 내성적·서늘함·무정(無情)·과묵·무표정 등으로 나타난다. 여명에게는 특히 불리하다.

무곡성군(武曲星君)

또 화성·영성을 보면 과수격(寡宿格)이라 해서 고독·고극·형극 등의 의미가 더해지며, 육친궁에서 보는 것을 꺼린다.

돈이란 금속으로 만드는 것이므로 무곡은 금속성과 유사한 성향이 있는데, 한나라 때는 돈을 칼처럼 만들어 유통시키기도 했다.

성격 태생이 용감·과단하고 시원하고 명쾌하며 행동력이 강하고 강건한 기상이 있으나, 자기나 타인에게 매우 엄격한 경향이 있고 대화나 행동에서 여유를 두지 않아 무심코 한 말이 다른 사람에게 상처를 준다. 또 고생스럽고 형극이 있기 쉬우며 성급하고 화를 잘 내고 사려가 깊지 못해 생각이 짧기 쉬운 면도 있다.

또 타고난 강건함과 딱딱함 때문에 칠살과 더불어 장군의 성(將星)이라고도 하는데 무직(武職)·스포츠·기술직 등에 아주 유리하다.

공장이나 제조업·쇠를 다루는 직업·스포츠 등은 무곡에 매우 적합하다. 골프로 유명한 최경주나 박세리, 야구로 유명한 박찬호 등은 모두 명궁이나 身宮에서 무곡이 좌하거나 대궁에서 만나고 있다.

무곡은 화권을 좋아하는데, 재성에 화권이 있으면 재가 변하여 권세로 변화되기 때문이다. 거문성과 무곡성은 화권을 좋아한다.

무곡은 재성이므로 재백궁과 전택궁에 있는 것이 좋으며 삼방사정에서 녹존·화록·천마를 만나게 되면 큰 부자가 된다.

무곡은 재성이지만 다른 재성과 달리 공성(空星)을 크게 꺼리지 않아 '금공즉명(金空則鳴 : 금이 공망을 만나면 소리가 난다)'의 현상이 있다. 무곡이 공겁을 보면 독창적인 견해가 있고 창조력이 크게 강해지며 전통에 반하여 재부(財富)를 창출한다. 화록과 공성이 동궁하면 돈을 벌거나 이익을 얻을 때 창조력을 발휘할 수 있다. 단 공성을 보더라도 길화가 없는 무곡은 고생만 많고 결국 쓸모없는 사람이 되기 쉽다.

무곡은 문성* 등을 보면 의심과 우려가 많게 되고 진

❖ 문성(文星) : 문창·문곡·화과·용지·봉각·천재의 6개성을 말한다.

퇴양난에 빠지는 경우가 많으며 우유부단해지기 쉽다. 무곡에 대해 강하다는 선입견을 갖고 보면 이러한 징험이 이상하게 보일지 모르나, 강은 부드러움에 지는 것이고 또 경험

해 봐도 그렇다.

어울리는 직업 금융업·기계공작·교통업·군인·경찰 계통·상업계·운동선수·노동자·무용가·체육관·잡화점·국방·경제·증권업·경리업무 등의 직업에 적합하다.

(5) 천동(天同)

福 천동의 화기(化氣)는 복이다. 이 복은 고생과 어려움을 겪고 난 뒤에 편안해지는 전화위복(轉禍爲福)의 성질이 있다. 천동은 마치 백신과 같아서 예방 주사가 잠시의 아픔이 있기는 하지만 맞고 난 뒤에는 항구적인 예방 효과가 있는 것처럼, 천동은 복을 누리기 위해서 잠시의 고통은 감내해야 하는 것이 숙명이다.

백신의 효용처럼 천동은 수명을 더하는 성이고 온갖 액을 제화하는 힘이 있는 성이다. 그래서 살성에 대한 저항력도 강하다. 천량이나 천동처럼 미리 흉이나 어려움을 당하는 성들은 대체로 살에 대한 저항력이 강함을 볼 수 있다.

천생적으로 타고난 복 때문에 이 명은 누리기를 좋아하나, 분투 노력

천동성군(天同星君)

하는 기개가 부족하기 때문에 경쟁력이 약하고 투쟁을 싫어하며 포부가 적을 뿐만 아니라 게으르며 아이와 같은 순진무구한 성정을 가지게 되므로 고통에 대한 저항력이 없고 끈기가 부족하며 의지심이 많다.

봉흉화길 천동과 천량은 다 같이 봉흉화길(逢凶化吉 : 흉을 만나도 길로 바꿈)의 성인데 성질상 약간의 차이가 있다. 천동은 어린아이성이고 천량은 노인성이라고 한 것에서 그 차이를 보자면, 같은 봉흉화길이라도 천동은 심각하지 않은 반면 천량은 심각하고 사무치게 온다는 점이다.

천동은 다른 성과 달리 약간의 살성을 보아 격발을 줘야 분발하게 되고 큰일을 이룰 수 있다. 그러나 살을 지나치게 보면 격발이 되는 것이 아니라 오히려 신체장애가 되거나 육친 형극이 있어서 좋지 않게 된다.

천동의 복을 누리는 성질은 좋게 발현하면 말 그대로 복을 누리게 되지만, 나쁘게 발현이 되면 정신박약이나 반신불수와 같이 남의 도움으로 사는 복을 누리는 것으로 나타나기도 하므로 꼭 복을 누리는 것이 좋은 것만은 아니다.

여명 여명은 복덕궁이나 명궁에 천동이 좌하는 것을 좋아하는데, 이는 천동은 복을 의미하고 복덕궁은 복덕의 근기가 되기 때문에 여명은 복덕궁과 명궁에 있는 것이 좋으나, 남명은 자신이 무엇을 하려는 투지가 없고 누리기만 하려고 하기 때문에 좋지 않다.

어울리는 직업 공직·교육직·군경·수공업·대리점·음식업·문화사업·예술·저작·무역·외무·외교·회계·통신·번역·예식장·여행사·노래방·오락실 등의 직업에 적합하다.

(6) 염정(廉貞)

염정의 화기(化氣)는 가둘 수(囚)다. 囚란 수인(囚人)·수옥(囚獄)이란 말에서 보듯이 감옥과 관계해서 많이 쓴다. "가두다·강제하다·억압·견제·사로잡다" 등의 의미가 있다. 염정의 별명을 수(囚)로 붙인 것은, 염정이 이러한 성질을 함축하고 있기 때문이다.

염정성군(廉貞星君)

주로 자기와 타인 모두에게 이러한 囚적인 성향을 드러낸다. 자기에게는 자존심·집념·집중·고정관념·편견·영웅주의·혈육에 대한 집착·정서적인 불안정·압박감 등으로 나타나고, 타인에게는 강제·전제·억압·구속·집착 등으로 나타난다.

囚는 울타리 안에 사람이 들어 있으므로 혈육에 대한 집착이 강하며 동지의식이 강하다. 혈연관계라는 데서 염정이 피를 의미하기도 한다고 본다.

이 밖에 행정처리 능력이 뛰어나고, 그래서 정치나 공직에 적합하다는 것·집착이 강한 것·정서적으로 불안한 것·약간 이기적인 것·관재에 노출되기 쉬운 것 등이 이 수(囚)를 통해서 알 수 있는 염정의 성정들이다.

성격 감정이 풍부하고 강하며 보수적이고 이기적인 경향이 있고, 차도화(次桃花 : 도화성에 버금감)라 하여 교제를 잘하고 수단이 있으나 경박한 면이 있다.
염정성이 묘왕지(인·미·신궁)에 있으면 '웅수(雄宿)'라 하여 큰 권력을 쥐거나 고급공무원이 된다.

어울리는 직업 군인·경찰·전자업·전기업·공무원·감찰·인사고평·건축업·대리점·연예·오락·음식·관리·설계·디자인·내근업무·병리검사·심사위원·보석감정 등에 적합하다.

(7) 천부(天府)

 천부는 남두성의 우두머리이며, 호령성(號令星)이다.

천부의 성질은 재물을 보관하는 창고인 금고(金庫)와 같다. 그러므로 녹을 보는 것이 급선무다. 녹을 보느냐의 여부에 따라 아래 세 가지로 나눠지며 나머지 세 가지는

천부성군(天府星君)

천부가 있을 때 주의해야 할 원칙이다.

실고(實庫) 삼방사정에서 록을 봄을 말한다. 창고가 충실해지므로 인생이 안정된다.

공고(空庫) 천부가 녹을 보지 못하거나 공망성을 만나는 것을 말한다. 재정적인 곤란에 부딪치게 된다. 천부가 지공·지겁을 보면 고립된다.

로고(露庫) 공망성과 살성을 보면서 녹을 보지 못한 천부를 말한다. 간사해지기 쉬우며, 천요를 보면 더욱 그렇다.

봉부간상(逢府看相) 천부를 보면 반드시 천상을 같이 봐야 하는데, 이것은 중요한 원칙이다. 천부가 명궁이라면 관록궁에 항상 천상이 있고, 천상이 명궁이라면 재백궁에 항상 천부가 있다. 천부는 부를, 천상은 귀를 각각 뜻하는데, 천부의 귀는 천상이, 천상의 부는 천부가 각각 담당한다고 하여, 천부가 명·신궁이 되는 경우 다른 궁의 상황보다 우선적으로 천상의 상황이 천부의 명에 영향을 주게 된다. 비유하자면 천부는 은행금고, 천상은 은행장의 직인과 같으므로 천부가 재권(財權)을 발휘하는가의 여부는 천상의 상황에 달려 있다.

봉부간살(逢府看殺) 천부의 대궁에는 항상 칠살이 있으므로, 천부를 보려면 대궁의 칠살을 같이 살펴야 한다. 칠살의 상황으로 천부가 보수적이냐, 진취적이냐를 가늠한다.

기독좌(忌獨坐) 천부는 독좌를 꺼린다. 금고는 감시자가 있어야 하기 때문이다. 길을 보면 괜찮으나, 살을 보면 간교 간사해진다.

천부는 금고처럼 지키는 것을 잘하며 현재 있는 국면하의 발전에 이롭다. 명궁에 있으면 장수를 상징하고 해액(解厄)해 주는 성이 된다. 살을 많이 보면 간사해지고 쓸데없는 고생을 한다.

자미처럼 백관조공을 봐야 성세가 있게 된다. 경양·타라를 제압하여 능히 부하로 삼고, 화성·영성을 복으로 만든다. 다만 지공·지겁을 보면 고립된다.

천부는 의록(衣祿)의 성이라 하여 일생 식복과 의식이 풍족하고, 성격적으로는 신중하고 검소하며 겸손하고 선량하다. 총명하고 기지가 있을 뿐만 아니라 재능이 있고 다학다성(多學多成)하다. 기획력과 재무적인 측면의 일처리가 능하다.

여명 여명의 천부는 길성을 만나면 재능이 많고 또 안정적인 가운데 진보가 있으나, 부처궁의 파군 때문에 결혼생활이 좋지 못한 경우가 많다.

어울리는 직업 금융·부동산·세무·회계·경리·교육·공직·총무·관리·정치·행정·재무 등에 적합하다.

(8) 태음(太陰)

태음은 달을 연상하면 쉽다.
태양이 귀·남성·발산·동(動)·강함·동산 등을 의미한다면 태음은 부·여성·수렴·정(靜)·부드러움·부동산 등을 의미한다.
태양과는 짝성이기 때문에 길흉이 태양과 밀접한 관련을

태음성군(太陰星君)

맺고 있다. 태양과 마찬가지로 태음도 궁에 따라 강약이 다르다. 신궁부터 축궁까지의 태음이라야 좋다.

주성(主星) 밤(신시에서 축시)에 태어난 사람이 태음이 좌명할 때 태음은 자미·천부처럼 주성이 되어 백관조공을 봐야 한다. 보지 않으면 자미처럼 고군이 될 것이다.

태음의 길흉은 좌한 궁과 밤인가 낮인가(밤에 태어난 사람이 좋음) 외에 한 달 중 어느 때 태어났는가도 중요하다. 상현(1일~15일)에 나는 것이 좋고 하현(16~30일)에 나는 것은 좋지 않다. 학자에 따라서는 이러한 날짜로 태음의 강약을 따지는 것은 옳지 않다고 주장하기도 하나, 필자는 참고하고 있다.

재성 태음은 부를 주하므로 재성이 된다. 그래서 같은 재성인 화록·녹존을 만나는 것을 좋아하고, 화권·화과를 만나면 강유가 조화되므로 좋으며, 문창·문곡이 협하거나 회조하게 되면 반드시 문장으로 발달하며 박학다식하게 된다.

성격 성격은 총명하고 우아하며 문예적인 기질이 있고 예절 바르다. 타인과 잘 다투지 않고 도량이 크나, 일처리에 있어서는 소심하고 관찰력이 예리하며 인내심이 있다.

위에서 본 것처럼 태음이 강해지기 위한 조건은 좌한 궁의 묘왕리한함 뿐만 아니라 태어난 시간과 태어난 생일과도 관련되는 등 그 조건이 까다로운 편이다. 까다롭다는 것도 태음의 속성 중 하나가 되는데, 실제로 감정적으로 예민하고 의심과 환상이 많고 질투심, 의뢰심, 결벽성이 있는 경우가 많다. 또 살성에 민감하여 살성의 악영향에 태음이 타격을 입기 쉬워서 살성을 보는 것을 싫어한다. 명궁에 있으면 예술적인 부분과 관련이 많아서 미술·도예·설계 등 예술과 관련된 일을 많이 한다.

중주파에는 "태음의 재적 기운을 보려면 금성을 보라(太陰財氣視金星)"라는 구절이 있는데, 이 말은 태음이 재주를 발휘하는 데 있어서 그 재력의 대소범위를 보려면 무곡을 살펴야 한다는 말이다. 예를 들어 태음이 오궁에 있을 때 무곡은 미궁 부모궁에 있는데, 주로 윗사람의 수제를 받는 경우가 많으므로 재적인 득실이 윗사람의 결단에 달려 있기 쉽다는 식으로 응용한다.

태음은 무곡과 같은 재성이나 무곡의 재는 지속성이 없는 반면 태음은 지속성이 있다. 태음운에 발달하면 그 다음 대한까지 발달하는 성질이 지속되기 때문에 추론할 때 유의해야 한다. 즉 태음운이 좋았다면 다음 대운이 평범해도 큰 타격을 받지 않는다. 그러나 무곡은 태음과 달라 무곡운에 좋고 그 다음 운이 평범하다면 그 발달이 지속되지 않아 타격이 있다.

태음화기가 해궁에 있으면 변경(變景)이라 하여 좋게 보나, 대운이나 유년에서 태음화기를 만나는 것은 좋지 않다.

어울리는 직업 예능·미용관련업·인테리어·설계·농업·목축·부동산·연예계·공직·언론계·문화예술계·교육계·교통·운수업·컴퓨터·전기·전자·의료계통 등에 좋다.

(9) 탐랑(貪狼)

桃花 탐랑은 대표적인 도화성〈正桃花〉이다. 봄에 핀 복숭아꽃은 화려하기 짝이 없어 연인들의 춘심(春心)을 자극하듯, 탐랑은 대표적인 애욕과 욕망의 성이며 교제와 접대, 사교, 영업 등을 잘하는 성이다. 낙천적이나 방탕한 일을 하기 쉽고 길성을 만나면 부귀하나, 흉을 만나면 외화내빈하기 쉽다.

탐랑성군(貪狼星君)

도화성을 보면 육체적인 욕망이 발생한다. 도화원(桃花園)이란 이상향이라는 무릉도원을 뜻하고, 탐랑의 화기(化氣)인 도화(桃花)에도 비슷한 뜻이 있어서 탈속적이고 정신적인 것을 지향하는 면도 있으므로, 공망성을 만나게 되면 정욕이나 애욕과 거리가 먼 성향을 보이며 음양오술·현학·역학·종교 등에 관심을 가지는 경우가 많고 예술적인 경향도 있다.

살성 중 화성·영성은 원래 분리(分離)와 불협화음을 자아내는 성질이 있는데, 모든 성 중 유일하게 탐랑만이 본래 가지고 있는 사교적인 기질로 이 성들을 순화시켜 길하게 한다.

그래서 탐랑이 화성이나 영성과 만나면 횡발의 의미가 있다. 그러나 경양·타라는 본래 녹존을 사이에 두고 호시탐탐 록을 노리는 살성으로, 탐랑과 만나면 탐랑의 좋지 못한 욕망을 부추겨 탐랑의 도화성 또는 욕망을 더욱 강화시키니 흉해진다.

성격 작은 것에 구애받지 않고 충동적이며 이성에게 잘해주고 도박을 좋아하며 이기적인 경향이 있고 먹고 마시는 것을 좋아한다. 점유욕과 탐심이 많고 야심과 몽상이 있으며 정서적으로 불안정한 경향이 있고 방탕하다. 탐랑은 작은 은혜를 베풀어 큰 이익을 얻으려는 성질이 있는데, 이러한 성질이 왜곡되게 나타나면 투기나 도박으로 나타난다.

탐랑과 십이운성과의 관계는 크다. 도화성(홍란, 천희, 대모, 함지, 목욕)이 있나 여부를 볼 때 참고할 필요가 있다.

또 『전서』에는 탐랑에 대해 '화복의 신'이라고 했는데, 탐랑이 수명하게 되면 복덕궁에 천상이 있기 때문에 그런 표현을 한 것이다. 천상은 주체적인 성질이 없기 때문에 상황에 따라 화를 일으키기도 하고 또 복을 일으킬 수도 있기 때문이다. 그러므로 탐랑이 명궁에 있는 사람은 다른 성보다 복덕궁을 먼저 관찰하는 것이 추론의 키포인트가 된다. 또 복덕궁 천상성계의 성질이 어떤가로 탐랑에 도화 성질이 있는가의 여부를 판단할 수 있다.

어울리는 직업 연예계·오락·예술·문화·미용업·음식업·종교사업·군경·재경·회계·영업·구류술업 등에 적합하다.

(10) 거문(巨門)

暗 거문성은 발음대로 '검은' 성이라고 이해하면 된다. 거문의 화기(化氣)는 '어두울 암(暗)'이며 암성(暗星)이라고 한다. 거문의 모든 성질은 이 암(暗)에서 출발하면 이해하기 쉽다.

암(暗)의 글자를 보면 태양(日)을 옆으로 밀쳐내고 한편으로는 깔고 앉아 있는〈立〉모습이다. 태양빛을 가리겠다는 심보가 보이지 않는가. 만물에 빛을 주는 태양을 이렇게 가리고 있으니 천하창생의 원성과 시비가 어떠하겠는가? 그래서 거문은 대표적으로 '시비와 구설'의 성이다.

거문성군(巨門星君)

복덕궁 거문 거문은 모든 성뿐만 아니라 좌한 궁까지도 어둡게 하니, 빛을 발산하는 태양을 제외한 모든 성과 복덕궁을 제외한 모든 궁에서 거문을 만나는 것을 싫어한다. 복덕궁의 거문이 그래도 나쁘지 않은 것은, 거문의 시비구설이 생각이나 관념에 대한 시비를 정확히 밝히고자 하는 좋은 뜻으로 변할 여지가 있기 때문이다. 다만 거문화기는 복덕궁에서도 꺼려서 만나게 되면 정신적인 근심과 곤란을 가져오기 쉽다.

다른 성이 거문을 만나면 해당 성의 어두운 부분이 증가되고 십이사항궁에 좌해도 해당 궁을 어둡고 불리하게 한다. 거문의 부처궁에는 늘 태음이 있어 거문이 태음을 어둡게 하므로 거문 좌명자는 부부가 불화하는 예가 많다.

의미 거문의 암(暗)에는 시비·구설뿐만 아니라 밝지 못한 것·깊은 것·은폐·숨은 것·반대면·알 수 없고 볼 수 없는 것·말할 수 없는 것·신비감·음모·사망·도피·암중진행·저조 등의 의미가 있다.

이러한 거문의 암적 성질을 해소하는 성은 태양뿐이다. 왼쪽의 태양(日)과 아래쪽의 태양(日)이 '묘'의 위에 올라서면 "빛날 욱(昱)" 자가 된다. 이처럼 태양이 밝아버리면 거문도 별 수 없이 태양을 밝게 하는 데 협조할 수밖에 없으니, 묘왕지의 태양만은 거문을 꺼리지 않게 된다.

신·명궁에 있으면 일생 시비를 초래하게 되고 대인관계가 좋지 못하며 진퇴양난·초선종악(初善終惡)의 의미가 있다.

성격 의심이 많고 두뇌가 좋으며 반응이 빨라서 말참견을 좋아하며, 이로 인해 시비가 발생하여 타인으로부터 욕을 먹기도 한다. 사물을 자세하게 분석하고 인식하는 능력이 있으며 작고 세심한 면에 관심이 많고 연상력이 풍부하나 현실에는 항상 불만요소가 많다.

거문의 암적인 성향이 정오의 태양에 의해 밝아지려면 시간이 걸리므로, 거문이 있으면 대체적으로 유년시절을 힘들게 보내다가 나이가 들어서야 발달한다.

여명 여명은 자기를 과장하지 않으며 세심하다. 사람과의 인연은 좋으나 잘 어울리려 하지 않는다. 일이나 사업에 성패와 기복이 많은데 너무나 많은 것을 고려하기 때문이다.

거문은 암성(暗星)으로 상문을 만나면 육친에 불리하거나 상을 당하게 된다. 거문이 화기를 만나면 상을 당하거나 또는 이직하거나 강등된다.

어울리는 직업 변호사·외교관·교관·법관, 종교가·이론가·오술·의약·사법·학술연구·교육계, 번역·통역·대리점·전문

기술업, 운수업·중개업, 언론계·정계·기자·문예평론과 잘 맞는다.

(11) 천상(天相)

 천상성의 화기(化氣)는 도장을 의미하는 인(印)이다.

인(印)은 인(因)이다. 황제의 도장인가, 깡패의 도장인가 등등 도장을 갖고 있는 인연(因緣)에 따라 길한 도장이 되기도 하고 흉한 도장이 되기도 한다. 그래서 14정성 중 가장 외적인 요인(要因)에 영향을 많이 받는 성이며 영원히 일인자가 될 수 없는 막료 또는 비서의 성이다.

천상성군(天相星君)

주변 환경의 영향을 많이 받기 때문에 천상을 볼 때는 아래 네 가지 원칙에 주의해야 한다.

봉상간부(逢相看府) 봉부간상의 원칙과 마찬가지로 천상을 보면 천부를 살펴봐야 한다는 말이다. 천부는 은행금고, 천상은 은행장의 직인과 같다. 금고가 비어 있다면 직인은 필요 없게 되므로 천상의 귀(貴)에 부(富)가 겸비되는가를 보기 위해서 천부의 상태를 봐야 한다.

가령 천상이 미궁에 좌하면 재백궁인 묘궁에서 천부를 보는데, 복덕궁에서 화령·양타나 형기성을 본다면 미궁 천상 입장에서는 이러한 성을 보지 않지만, 봉부간상의 원칙에 의해 파괴된 천부를 보는 것이므로 천상의 성질까지 나빠져 위인이 인색하고 탐욕스러우며 주견도 없이 우왕좌왕하는 사람이 된다.

재음협인(財蔭夾印) 천부성계는 천부·거문·천상·천량의 순서로 배치되므로 천상의 협궁에는 늘 거문과 천량이 협하게 되는데, 천상은 양 협궁에 있는 이 두 성의 영향을 가장 크게 받는다. 대개 성에 대한 영향력은 본궁 〉대궁 〉삼방사정 〉협궁의 순으로 작용하는데, 천상은 예외로 본궁 〉협궁 〉대궁 〉삼방사정의 순으로 작용한다.

거문이나 거문과 동궁한 성이 화록이 되면, 녹을 재(財)라 하고 천량을 음(蔭)이라 하니, 재성과 음성이 인성(印星)인 천상을 협한다 하여 재음협인(財蔭夾印)이라 한다. 옛사람들이 부격(富格)의 하나로 본 길한 격이다.

형기협인(刑忌夾印) 위의 재음협인과 다르게 거문이나 거문과 동궁한 성이 화기가 되면 천상을 협한 천량은 형(刑)의 성질로 변해 기성(忌星)과 형성(刑星)이 인성(印星)인 천상을 협한다 하여 형기협인(刑忌夾印)이라 한다. 천상으로 하여금 시비구설·관재·박탈·배제 등의 흉을 가져다준다.

또 일설에는 천상이 녹존과 동궁하면 자연히 경양·타라가 협하므로 경양의 형(刑)과 타라의 기(忌)가 협하기 때문에 형기협인이 되어 흉하다고도 하나, 필자의 경험으로는 다른 살성과 동궁하지 않는다면 거문성계가 화기로 인해서 형기협인이 되는 것보다는 흉한 뜻이 적었다.

봉상간파(逢相看破) 천상은 주변의 상황에 따라 길이 되기도 하고 흉이 된다는 이치에 입각해서 재음협인·형기협인 같은 협의 작용 외에 고정적으로 대궁에 배치되는 파군과의 관계에도 유의해야 한다. 협 다음으로 대궁의 성에 영향을 받기 때문이다. 이 파군의 영향 때문에 천상좌명자가 흔히 동업하는 경향이 많은 것이다.

도장 인(印)은 또 인(認)이다. 도장은 확인하거나 인정해야 할 때 쓰는 것이다. 확인의 과정이 없다면 명령이나 효력이 발휘되지 않으므로, 천상은 권력의 의미가 있고 백관조공 여부로 권력의 대소를 본다.

성격 관후하고 충직하며 행동거지가 은중하고 동정심과 정의감이 있다. 한 가지 직업에 종사하는 경우가 많고 근검절약하는 생활태도를 견지하며 효순하고 성실하다.

그러나 살성을 많이 보면 주관이 없고 지나치게 조심하느라 몸을 사리는 경우가 많고 인색하다는 평을 들으며 정신적으로 압박감이 많다. 남자가 천상이 좌명한 경우는 대부분 처가 주도권을 가지는 경우가 많다.

다른 별과 만날 때 천상 역시 길한 정성과 육길성의 상회를 좋아한다. 이렇게 되면 기세가 증가하고 매우 貴한 일을 하며 두각을 나타낸다. 살성 중에서는 화성·영성을 싫어하여 만나게 되면 신체장애나 질병이 있기 쉽고, 경양·타라를 만나면 교예가 있으나 부하지 못하다. 천상이 함지이면서 무곡·파군·경양·타라를 만나면 단지 교예로 먹고 산다.

천상에는 화록·화권·화과·화기가 붙지 않으나, 이것은 도리어 록권과기를 행사할 수 있는 권력을 가지고 있음을 말해 주는 것이다.

천상은 삼태·팔좌·태보·봉고 등의 지위를 의미하는 짝성을 보는 것을 좋아하며, 보게 되면 그 사람의 사회지위가 높아진다. 그러나 단독으로 삼태만 보고 팔좌를 못 본다든지 하면 지위가 없거나 다른 사람에게 권력을 뺏기거나 실질적인 권력을 행사할 수 없게 된다.

여명 여명 천상은 길하다. 천괴·천월·좌보·우필·록마·화록·화권·화과를 만나면 길하나, 문창·문곡을 보면 감정적으로 좋지 않아서 고인은 시첩으로 보았다. 여기에 다시 살성을 만나면 더욱 좋지 않아 혼인에 불리해진다.

천상이 형제궁에 좌하면서 짝성이 있고 녹을 보면 쌍둥이 형제자매가 있을 수 있다고 하나, 가계에 쌍둥이 유전자가 있어야 가능할 것이며, 이것 역시 대궁에 있는 파군의 영향을 받기 때문에 이와 같이 해석할 수 있는 것이다.

명궁이나 사업궁에 천상이 있으면 쌍중(雙重)·중복의 의미가 있다.

어울리는 직업 행정·정치·대리·비서·위탁·의약·위생보건·교육계·고문·감독관·역학(易學)·법률·영화촬영·예술가·연예계·복식(服飾)업·광고업·분장 등의 업종에 적합하다.

(12) 천량(天梁)

 천량의 화기(化氣)는 '음(蔭 : 그늘 음)'이다. 천량의 성질은 이 '음(蔭)' 자에 착안하면 쉽게 이해된다.

이 글자는 풀(艸)이 무성해 그늘(陰)이 진 모양이니, 풀이 무성히 자란 숲속 그늘 속에서 햇볕을 피하고 시원함을 누리는 풀벌레나 작은 짐승들의 여유로움이 연상된다. '그늘 덕택에' 여유로운 것이다.

그래서 천량은 아마도 '덕택에, 돌보아준 덕분에'라는 의미가 강한 성이라고 할 수 있을 것이다. 천량의 별명인 '蔭' 자에 담긴 이러한 이미지에 착안해서 여러 가지를 유추해 볼 수 있다.

천량성군(天梁星君)

즉 '덕택에' 사는 것이니, 천량은 모든 종류의 돌봄과 음덕·귀신과 신명·종교·천우신조·보호·보험·치료·의약·원칙·감찰·법률·감독·감호·간섭의 의미가 있다. 또 부모·조상·장수(長壽)·노익장·어른스러움·유명인사·지도층·명예·청렴·간섭·잔소리 등의 의미도 있다.

주변의 무수한 포식자의 위험도 많지만 풀 속에 있으니 안전하다. 그래서 천량은 흉을 만나도 풀 때문에 안전하므로 '봉흉화길(逢凶化吉)'의 성이라 한다. 늘 위험에 직면해서 사나 결국 길로 화하게 된다. 이것이 천량의 가장 큰 특성이다.

그늘이 있어 시원하다는 것은 그만큼 태양이 강렬하기 때문이다. 만약 태양빛이 약하거나 숨어버렸다면 오히려 풀 속은 춥고 겨울이라면 얼어 죽기 십상이다. 그래서 천량의 성향이 좋은 쪽으로 발현이 되려면 묘왕지의 태양을 만나야 한다. 함지 즉 밤에 빛나는 태양을 만난다면 풀벌레들이 풀 속에서 추위에 떨고 심지어는 얼어 죽기도 하므로 천량의 성향이 형극·고생·우여곡절·혹독함·정처 없음·처량함·관재·사망·이별 등으로 나타난다. 그러므로 천량을 볼 때는 반드시 태양의 향배를 함께 살펴야 하는 것이다.

성격 노숙하고 노인처럼 간섭하고 나서기 좋아하며, 다른 사람을 돕기 좋아하고 원칙과 상식에 철저하며 청렴하고 결백하다. 옛것에 관심이 많고 종교·철학·오술 등에도 흥미가 많다. 격이 좋으면 법조계·재정계·회계·감사·정치계·의료계 등으로 진출하는 경우가 많으나, 격이 나쁘면 건달·정상적인 거래에 간섭하는 브로커·청부업자·사기꾼·알코올중독·약물중독자·방탕하게 사는 낭인(浪人)·탈속해서 사는 수행자 등이 되기도 한다.

천량은 청렴하고 청고한 성이기 때문에 학술·연구·종교 등에 적합하다. 사업에는 부적합한 성이며, 사업을 하더라도 중개·대리·감독 등과 관계된 사업을 하게 된다.

천량의 봉흉화길의 성향은 극단적으로 나타나기도 한다. 노년에 천량을 보면 도리어 사망하는 경우가 많다. 복덕궁과 명궁에 있어도 이런 경향이 있다. 원인은 노년에 만성질환을 앓으면 죽는 것이 낫기 때문에 죽음으로 그 고통을 해소하는 것이다.

천량은 의약성이므로 약물 등에 탐닉하기도 하는데 천량이 천월(天月)을 보면 약물과 관계가 있다.

천량이 자세한 것을 의미하는 파쇄·비렴(飛廉) 등을 보면 지나치게 트집 잡기를 좋아한다.

어울리는 직업 법관·감독관·종교·오술·의약·위생보건·보험·영업·사회복지사·목재업·건축업·컨설팅·원예조경·농업·산림업·정치 또는 정치와 관계 있는 일·총무·군사·정보원 등에 적합하다.

(13) 칠살(七殺)

將 칠살의 화기(化氣)는 '장(將 : 장수 장)'이다.
칠살의 특징은 전쟁터에 나가 싸우는 장수를 연상해 보면 쉽게 알 수 있다.

권력과 카리스마가 있고 실천력·행동력·관리능력이 뛰어나다. 깊은 생각과 정확한 판단력이 있으며, 이지적이고 승부욕이 많다. 적과 동지를 구분하는 후각이 예민하여 은원(恩怨)이 분명하다. 경우에 따라서는 처자식을 돌보지 않아야 하므로 육친에게 무덕하거나 정이 없으며, 혼자 결정하고 행동해야 하므로 고독하다. 솔직담백하나 언사가 예리하다.

때로 임금의 명도 듣지 않아야 하므로 간섭을 싫어하고 반역적이고 격렬하며 극단적이다. 늘 위험에 직

칠살성군(七殺星君)

면해야 하고 환경의 변화가 많아 조업을 떠나 외지나 외국에서 분투하고 고생하므로 낯선 환경에 대한 적응력이 뛰어나다. 언제 어떤 적과 싸워야 할지 모르므로 민감하고 내심 의심과 염려가 많아 외강내유(外剛內柔)의 성향이 있으며 타라를 보면 더욱 그러하다. 또 투기심과 모험심·창조력이 뛰어난데 화령을 보면 더욱 그러하다. 이상과 같은 장수의 성질은 칠살의 성정과 그대로 부합된다.

칠살이 묘왕지(인신사해궁)에 있고 살을 보지 않으면 성정이 기월동량과 같은 경향을 보이기도 하므로, 칠살이 있으면 꼭 사납다 또는 격렬하다는 선입견을 가져서는 안 된다. 임상경험상 칠살이 묘왕지 함지를 불문하고 창곡을 보면 그 기질이 우유부단해지는 경우가 많으므로 추론에 주의해야 한다. 칠살은 장수이기 때문에 육길성 중에 기회와 캐스팅을 의미하는 괴월은 좋아하지만, 전쟁터에서 창곡과 같은 문성은 낭만적인 기분만 조장하므로 자칫 칠살로 하여금 우유부단하게 하여 본분을 망각하게 하므로 싫어하는 것이다.

화록과 록은 군대의 보급품과 같아서 보게 되면 칠살의 성향을 긍정적으로 나타나게 하므로 좋아한다.

칠살은 본래 가지고 있는 격렬함과 무(武)적인 속성 때문에 살성을 보더라도 제압하는 힘이 있으나, 너무 많은 살을 보면 살을 제압하느라 심력을 소비하므로 인생이 고생스럽고, 주로 기술이나 무직 등의 직업을 가지기 쉽다.

칠살이 창곡을 보는데 다시 녹존을 보면 파격이 된다. 위인이 어느 때는 적극적이다가 어느 때는 소극적이 되고, 어느 때는 문(文)을 논하다가 어느 때는 무(武)를 논해서 문도 무도 이루지 못한다. 게다가 탐랑을 삼방에서 보므로 탐창탐곡(貪昌貪曲 : 탐랑이 문창·문곡을 만나면 작사전도(作事顚倒)라 하여 매사가 뒤집어지는 일이 많다)이 구성된다. 이렇게 파격된 칠살은 그 성격이 우물쭈물하고 염려가 많으며 의심과 꺼림이 아주 심하다.

어울리는 직업 군인·경찰·건축업·외과의사·공학·제조업·도살·수공예·설계·조각·풍수지관·사법계·컨설팅·건설업·재봉·이발·장의사·농장·금은방·철물점·가공업 등에 적합하다.

(14) 파군(破軍)

 파군의 화기(化氣)는 "줄어들다·쓰다·다하다·소비하다"는 뜻이 있는 '줄어들 모(耗)'다.

파군의 성향은 모(耗)라는 글자로 유추해 볼 수 있다.

소모(消耗)·마모(磨耗)에서 보듯이, '모(耗)'는 있는 것이 부단히 소비되는 상태나 있는 것을 깎아내는 상태를 말한다. 마치 차가 기름을 소모해서 출력을 얻어 빨리 가는 것이나, 석공이 돌을 깎아서 작품을 만드는 모습 등을 상상할 수 있다.

자동차를 예를 들면 기름을 소모하지 않으면 출력을 얻을 수 없다. 자동차 엔진은 기름을 다 소비할 때까지 계속 작동한다.

파군성군(破軍星君)

파구창신 엔진에 들어오는 새 기름을 쓰고 다시 새로운 기름을 받아들이고 또 태우고 다시 새 기름을 받아들이는 과정을 반복하면서 엔진이 움직인다. 파군은 이처럼 기존에 입력된 것은 출력(破)시키고 출력시킨 다음에 다시 입력(開創)하는 속성이 있다. 그래서 파군을 파구창신(破舊創新)의 성이라고 한다. 부단하고 반복적인 혁신과 개창이 파군의 본성이다.

그러나 이러한 파군의 성향은 삶에 다채로운 변화를 주어 흥미진진하지만, 축적이나 기존의 것을 누리는 것에 서툴고 끝까지 파구창신(破舊創新)을 반복하므로 일복이 많아 인생이 고생스럽고 편안한 삶을 살지 못한다. 생활태도 또한 잠이 적고 부지런한 경우가 많다.

파군의 소모적인 본성이 건설적으로 나타나면 부단한 사업적인 개창과 열정·창의적인 아이디어개발·발명·연구·예술적인 창작·조직에 대한 다함 없는 충성과 헌신 등으로 나타나지만, 살성 등을 보아 파괴적으로 나타나면 조직에 대한 배신·반역·보복·모험·투기·도박·횡발횡파·용두사미·반복·파동·파괴·자살·충돌·추락·변덕과 변태·육친형극 등으로 나타난다.

칠살과 마찬가지로 육길성 중 괴월을 좋아하며 창곡을 싫어한다. 화록과 녹존은 자동차에 기름을 공급하는 것과 같아서 파군을 안정시켜 주는 좋은 역할을 한다.

파군은 묘왕지(자·오궁)냐 함지(사·해·묘·유궁)냐에 따라 성격과 길흉이 극단적으로 엇갈린다. 주로 함지에 있을 때 파군의 저돌적이고 결과를 생각지 않는 전사적인 경향과 파구창신의 성향이 커지나, 묘왕지에 있고 살이 없으면 충직하고 점잖으며 정의감이 넘치고 안정된 사람이 많다.

파군의 모(耗)적인 성향 때문에 재백궁에 있는 것을 싫어하며, 함지에 살을 보면 재적으로 매우 불리하다.

대운에서도 파군을 보면 위와 같은 성향이 있는데, 대부분 해당 운 중에 큰 변화를 하게 되며 살을 보면 더욱 심해진다.

어울리는 직업 공무원·군인·경찰·교통·운수·여행업·주식회사·도매업·벤처사업·가공업·부부합작사업·문학·예술·창작·발명·전문기술업·의료계통·치안·연극·영화 등에 적합하다.

2부

동궁한 별들의 성격

1부는 명궁의 14정성이 가지는 기본적인 성정을 말한 것이고, 2부에서는 다른 별들과 동궁하는 경우를 설명한다.
14정성은 공식에 의해 배치되기 때문에 독좌하는 경우가 있는가 하면 다른 별들과 동궁하기도 한다. 물론 정성이 없는 궁도 생긴다.
예를 들어 자미와 배합되는 성은 파군(자미·파군), 천상(자미·천상), 탐랑(자미·탐랑), 천부(자미·천부), 칠살(자미·칠살)의 다섯 개 성으로 각 조합마다 독특한 성향을 갖는다. 자미뿐만 아니라 천기부터 파군까지 정성들도 '14정성의 12가지 배치유형'의 표에서 보듯이 각기 배합되는 성들이 있다.
흔히 이렇게 배합되는 성의 조합을 '쌍성(雙星)'이라고 하는데, 이러한 쌍성의 특성을 파악하는 것은 자미두수를 공부하는 데 매우 중요한 과정의 하나라 할 수 있으므로 잘 숙지해야 한다.

(1) 자미·파군

사	탐랑염정 xxxx	거문 ○	오	천상 X	미	천량천동 xx○	신	
진	태음 xx		자미가 축궁에 있을 때			칠무살곡 X○	유	
묘	천부 △						태양 xx	술
인		축	파자군미 ○○	자	천기 ◎	해		

사		오	천기 ◎	미	파자군미 ◎◎	신		
진	태양 ○		자미가 미궁에 있을 때			천부 xx	유	
묘	칠무살곡 xxxx						태음 ◎	술
인	천량천동 ◎X	축	천상 ◎	자	거문 ○	해	탐랑염정 xxxx	

축미궁에서 자미·파군이 동궁한다.

파구창신(破舊創新)하며 부단한 혁신과 개창의 본성을 가진 파군과 황제성인 자미가 동궁하므로, 이 조합은 개창력이 강한 조합이다. 보수적인 사회 속에서 혁신과 개창을 꿈꾸는 것은 좋지 않게 보았으므로 고인(古人)은 '신하는 불충하고 자식 된 이는 불효한다' 하고 '흉악한 서리(胥吏)의 무리'라고 해서 좋지 않은 평가를 내렸다.

그러나 이것을 뒤집어 보면 그만큼 이 조합이 혁신적이고 창조적이라는 것이다. 육길성과 길화를 보아 조합이 좋으면 건설적인 혁신과 발전이 있어 안정되고 성격이 시원시원하며 리더십이 있으나, 길성을 보지 않고 살성과 화기 등을 보면 파괴적이고 반항적이며 좋고 싫음을 지나치게 분명히 하므로 대인관계에 변화가 많고 이기적이며 극단적이 되어 인생이 불안정하게 된다.

고인이 '흉악한 서리'가 된다고 한 것에서 알 수 있듯이 이 조합은 대표적인 공직(公職)성계로, 실제로 이 조합이 있으면 공직으로 나가는 경우를 종종 본다.

좌명하면 파군이 가진 쌍(雙)의 의미로 인해 겸직하는 경우가 많으며, 두 가지 이상의 직업을 경영하는 데 이롭다.

축미궁은 백관조공하는 대표적인 성들인 보필과 창곡이 동궁하거나 협할 확률이 높으며, 천괴·천월도 좌귀향귀가 될 확률도 높고, 축미궁 자체도 자미에게는 묘왕지가 되므로 좋은 격국이 형성되기 쉽고 또 발달하는 사람이 많다.

(2) 자미·천상

사	천량 오 xx	칠살 미	염정 신 ◎
천상 자미 진 ○xx	자미가 진궁에 있을 때		유
거문 천기 묘 ◎◎			파군 술 ○
탐랑 인 △	태음 태양 축 ◎xx	천무 부곡 자 ◎◎	천동 해 ◎

사	천동 오 ◎	천무 부곡 태음 태양 미 ○○ △△	탐랑 신
파군 진 ○	자미가 술궁에 있을 때		거문 천기 유 ◎◎
묘			천상 자미 술 △X
염정 인 ◎	축	칠살 자	천량 해 xx

진술궁에서 자미와 천상이 동궁한다.

이 경우 대궁에서 파군을 보게 되어 축미궁 자파조합과 비슷한 성향이 있어서 이 역시 고인(古人)이 '신하는 불충하고 자식된 이는 불효한다'고 했다. 단 축미궁에서는 자미가 행동력있는 파군과 동궁하므로 자미의 독립적인 기개를 해치지 않으나, 진술궁에는 자미가 함지로 힘을 쓰지 못하는 궁일 뿐만 아니라, 외적인 요인(要因)의 영향을 많이 받는 천상의 견제를 받으므로, 황제의 리더십과 자존심이 제대로 발휘되기 어려워 부귀를 겸하기 어려운 조합으로 보았다.

성격은 자미·파군과 비슷하나, 자미·파군이 행동적이고 적극적인 데 반해 자미·천상은 소극적이고 수동적인 경향이 있다.

천상이 동궁한 것 때문에 이 조합은 백관조공 여부뿐만 아니라 재음협인(財蔭夾印 : 아래 '천상'을 참고하라)의 여부까지 봐야 하므로 제대로 된 격국이 이뤄지기 어려우며, 천상의 보좌적인 성향 때문에 '근주자적(近朱者赤) 근묵자흑(近墨者黑)' 하는 경향이 있으므로 상사나 동료를 의미하는 부모·형제궁이 좋아야 하며, 문창·문곡과 같이 노력에 의지하는 좌성(佐星)보다는 괴월·보필과 같이 노력과 상관없이 발탁과 기회가 주어지는 보성(輔星)을 보아야 성공하고 높은 지위를 가질 수 있다. 살성을 보면 자녀·처(妻)·재(財) 등에 결함이 있거나 질병을 앓기 쉬우며 반역적인 기상이 있고 무정무의(無情無義)하다.

자미·천상이 명궁이면 身宮이 유력하고 강한 곳에 있어야 성공하기 쉽다. 타라와 동궁하면 타라의 지체되는 성향이 자미·천상의 불리함을 더하기 때문에 싫어하나, 반면 보필이 진술궁에 있으면 불리한 상황을 헤쳐 나오는 데 도움을 준다.

(3) 자미·탐랑

천상 △ 사	천량 ◎ 오	칠살 염정 ○◎ 미	신
거문 △ 진	자미가 묘궁에 있을 때		유
탐랑 자미 △△ 묘			천동 △ 술
태음 천기 X○ 인	천부 ◎ 축	태양 XX 자	파군 무곡 △△ 해

파군 무곡 X△ 사	태양 ◎ 오	천부 ◎ 미	태음 천기 △△ 신
천동 △ 진	자미가 유궁에 있을 때		탐랑 자미 △△ 유
묘			거문 ◎ 술
인	칠살 염정 ◎◎ 축	천량 ◎ 자	천상 △ 해

묘유궁에서 자미와 탐랑이 동궁한다.

자미가 대표적인 애욕과 욕망의 성인 탐랑과 동궁하므로 주지육림(酒池肉林)에 빠졌던 은(殷)나라의 폭군 주왕(紂王)과 같은 황제의 모습이다. 고인은 이 조합을 도화(탐랑)가 주군(자미)을 범한다하여 '도화범주(桃花犯主)'라 칭하면서 지극히 음란하다고 했다. 도화성을 보면 실제로 그러하다.

그러나 자미·탐랑성계가 이러한 성향을 가지게 되는 이면에는 복덕궁성계인 천상의 불안정함에 원인이 있다. 사궁·해궁이 복덕궁인 천상은 함지의 거문(거문 대 천동조합 : 감정고충이 있기 쉬운 조합이다)의 협을 받아 감정적으로 노출되기 쉽고, 대궁 재백궁 무곡·파군은 '파조파가다노록(破祖破家 多勞碌 : 조상의 업을 없애고 집안을 망가뜨리며 고생함이 많다)'의 속성이 있어 천상으로 하여금 극단적인 성향을 가져다주게 한다. 그래서 도화성을 보면 '도화'로, 지공·지겁·절공·천공·순공 등의 공망성을 보면 '탈속승(脫俗僧)'으로 그 성질이 극단적으로 나타나게 되는 것이다.

자탐조합이 길화 길성을 보게 되면, 도화성을 보더라도 도화로 연상되는 주색잡기로 발현되지 않고 예술·예능 방면 즉 음악·미술·무용·전통문화연구 등으로 발현되므로 명궁의 상황과 복덕궁의 상황을 면밀히 살펴서 판단해야 한다. 물론 도화를 보면서 살성 등을 보면 주색으로 패가망신하게 된다.

또 자탐이 공망성을 보아 '탈속승(脫俗僧)'의 조합이 되면 꼭 스님이 된다는 말이 아니라, 종교·철학·심리학·한의학·역학·기공·단전호흡 등에 관심이 있거나 심취하는 것으로도 나타나게 된다. 자탐조합의 성격은 대인관계가 원만하고 낭만적이며 포용력이 있으나 점유욕과 질투심이 강하며 자존심이 매우 세다.

(4) 자미 · 천부

사 거문△	오 천상 염정 ○△○	미 천량 ○	신 칠살 ◎
진 탐랑 ◎	\ 자미가 인궁에	있을 때 /	유 천동 △
묘 태음 xx	/	\	술 무곡
인 천부 자미 ◎◎	축 천기 xx	자 파군 ◎	해 태양 xx

사 태양 ○	오 파군 ◎	미 천기 xx	신 자미 천부 △○
진 무곡	\ 자미가 신궁에	있을 때 [기본명반] /	유 태음 ◎
묘 천동	/	\	술 탐랑 ◎
인 칠살	축 천량	자 염정 천상 ◎△	해 거문 ○

인신궁에서 자미와 천부가 동궁한다.

신궁의 자미와 천부가 있는 명반을 '기본명반'이라고 한다. 이 기본명반은 십이사항궁을 주재하는 성들과 14정성의 가장 기본적인 배치를 보여준다. 명궁에는 자미(영혼) 천부(신체)가 있고, 형제궁에는 천기, 부처궁에는 파군, 자녀궁에는 생기를 의미하는 태양, 재백궁에는 무곡, 질액궁에는 복성인 천동, 천이궁에는 칠살, 노복궁에는 감찰능력이 뛰어난 천량, 관록궁에는 염정과 천상, 전택궁에는 거문, 복덕궁에는 탐랑, 부모궁에는 태음을 배치하였다.

단순하게 본다면 자미는 북두주성이고 천부는 남두주성이므로 이 두 성이 명궁에 있으면 더할 나위 없이 좋을 것이고, 재백궁에는 재성인 무곡, 관록궁엔 관록의 성인 염정·천상이 있으며, 천이궁에는 경쟁력이 강한 칠살이 있을 뿐만 아니라, 십이궁 모두 정성이 가득 차서 빈 곳이 없으므로 그야말로 완전무결한 삶을 살 것 같다. 그러나 보름달이 되면 그 다음날부터 달이 기울어지기 시작하듯, 지나치게 완미(完美)하게 보이는 이 조합은 오히려 현대사회에서 적응력이 떨어지고 고립되기 쉬우며 지나치게 이상에 치우치기 쉬운 점 등 단점도 간과하기 어렵다.

이러한 단점의 중심에는 자미와 천부의 성질상의 충돌이 자리해 있는데, 자미는 정신·주동·개창의 의미가 있는데 반해, 천부는 물질·수동·수성(守成)의 성질이 있어서 두 속성이 서로 충돌하기 때문이다.

길성을 보면 그래도 정계·관계·학계·대기업·금융업 등에 진출해서 비교적 안정된 삶을 살지만, 흉성을 보면 고립되고 재주는 없으면서 눈만 높아 이것도 저것도 이루지 못하면서 기회를 놓치는 삶을 살기 쉽다.

대체적으로 이 조합은 학계나 공직·교육직으로 진출해서 발달하는 경우가 많으며 사업 등에는 오히려 부적합하다.

성격은 대체적으로 명예를 중시하고 군자의 풍모가 있으며 완벽주의적인 성향이 강하고 독야청청하나, 사살(四殺 : 경양·타라·화성·영성의 네 별을 말한다)에 천요 등을 보면 말로만 군자인 체하고 행동은 간사하고 권모술수를 일삼는 위선자가 될 수도 있다. 공망성에 화개 등을 보면 종교나 이상·예술·자선사업 등에 몰두하여 청정하고 청고한 삶을 지향하게 된다. 보좌성이 짝성으로 비추면 개창력이 있고 분발하게 되지만, 없으면 대궁의 칠살을 제어할 수 없어 오히려 결단력이 부족한 것으로 변해버린다.

요약하자면 천부는 富, 자미는 貴를 뜻하는데, 부귀를 모두 가지기는 어려우니 오히려 고독의 의미가 있는 성계다.

(5) 자미·칠살

사 칠자 살미 ○△	오	미	신
진 천천 량기 ◎◎	자미가 사궁에 있을 때		파염 군정 ××△ 술
묘 천상 ××			
인 거태 문양 ◎◎	축 탐무 랑곡 ◎◎	자 태천 음동 ◎◎	해 천부

사 천부	오 태천 음동 ××××	미 탐무 랑곡 ◎◎	신 거태 문양 ◎×
진	자미가 해궁에 있을 때		유 천상 ××
묘 파염 군정 ○×			술 천천 량기 ◎◎
인	축	자	해 칠자 살미 △○

사해궁에서 자미와 칠살이 동궁한다.

고인은 이 조합을 화살위권(化殺爲權 : 살이 변해서 권세가 됨)하여 오히려 상서롭게 된다고 했는데, 장수(將帥)의 성인 칠살을 황제성인 자미가 제어하여 칠살이 가지고 있는 살기를 억제하고 좋은 쪽으로 인도하기 때문에 살기가 권력으로 화해지게 되는 것이다. 이는 폭력배를 좋은 권력자가 길들여서 경호원으로 삼아 권력자의 성세를 드높이는 것과 같다.

이 자미·칠살 조합은 자미쌍성 조합 중에서 유일하게 복덕궁에 정성이 없는데, 이는 매우 의미심장하다.

보통 어느 궁에 정성이 없어 공궁(空宮)이 되면, 협궁에는 대체로 정성이 자리하여 공궁의 부실함을 협으로나마 보완하는 것이 일반적인데, 자살의 복덕궁은 공궁(空宮)일 뿐만 아니라 복덕궁을 협하는 협궁 또한 공궁(空宮)이 되는 매우 특이한 구조를 가지고 있다. 정신·사상을 의미하는 복덕궁이 이렇듯 본궁과 협궁에 정성이 없다는 것은 견제나 걸림이 없다는 것을 의미한다.

견제나 걸림이 없는 모양새가 길하게 나타나면 대단한 창조력과 상상력·발상의 능력·발명의 능력으로 발현되지만 흉하게 나타나면 권력 지향적이고 광적이며 무슨 일이든 거리낌 없이 행하는 것으로 나타난다. 즉 자미·칠살 조합의 박력과 매력이 넘치고 적극적일 뿐만 아니라 창조적이며 일 벌리는 것을 겁내지 않는 성향은, 자살성계의 본래 속성에다 위에서 말한 복덕궁의 구조적인 문제로 말미암는 것이다.

자살조합의 성격은 리더십과 개창력, 관리능력이 매우 뛰어나며 일생 환경의 변화가 많고 귀인의 조력이 많다. 또 새로운 생각이나 아이디어가 많고 견해가 독특하여 기술계통이나 문화예술·군경·언론분야 등에서 두각을 나타내는 경우가 많으나, 흉성을 보면 성격이 사납고 패도적이며 일처리에 용두사미가 되는 경우가 많아 일생 횡발횡파가 많고 뜻을 얻지 못하는 삶을 살게 된다.

자살조합이 육친궁에 들어가면 형극을 뜻한다. 형제궁에 자살이 들어가면 형제가 짝수가 되어야 하고 그렇지 않으면 짝수가 될 때까지 극하게 된다.

(6) 천기·거문

천량 xx 〈사〉	칠살 ○ 〈오〉	〈미〉	염정 ◎ 〈신〉
천자상미 ○xx 〈진〉	자미가 진궁에 있을 때		〈유〉
거천문기 ◎ 〈묘〉			파군 ○ 〈술〉
탐랑 △ 〈인〉	태태음양 ◎xx 〈축〉	천무부곡 ○○ 〈자〉	천동 ◎ 〈해〉

천동 ◎ 〈사〉	천무부곡 ○○ 〈오〉	태태음양 △△ 〈미〉	탐랑 ○ 〈신〉
파군 ○ 〈진〉	자미가 술궁에 있을 때		거천문기 ◎◎ 〈유〉
〈묘〉			천자상미 △X 〈술〉
염정 ◎ 〈인〉	〈축〉	칠살 〈자〉	천량 xx 〈해〉

묘유궁에서 천기와 거문이 동궁한다.

고인은 '천기·거문이 동궁하면 공경의 지위에 있게 된다'고 했고, '천기가 거문과 동궁하면 무관으로 나가 변방의 오랑캐를 진압한다'고도 했으며, 한편으로는 '거문이 천기와 있으면 파격이 된다. 천기·거문은 파탕(破蕩)'하다 해서 여명은 음욕하고 하천함을 면치 못하고 복이 온전치 못하게 된다고도 했다.

천기는 계획이나 임기응변에 능하고 거문은 암성(暗星)으로 말에 능하다. 그래서 이 조합은 임기응변이나 말에 능하고 센스가 있어서 말하고 기획하고 캐묻고 파헤치는 속성이 있는 일에서 재능을 발휘할 수 있다. 상담·작가·기자·전산·교사·변호사·의사 등의 직업군에 많은 조합이다.

『전서』에 보면 '乙辛癸生人 財官格'이라고 해서 기거조합으로 고격이 형성되는 경우를 을·신·계년생으로 규정하고 있는데, 이렇게 되면 명궁뿐만 아니라 반드시 부모궁도 좋아지기 때문이다. 천기·거문이 좌명하면 부모궁은 진술궁의 자미·천상이 되는데, 을년생은 천기·거문에 천기화록, 신년생이면 천기·거문에 거문화록이 되어 부모궁 천상을 재음협인하게 되며, 계년생은 천기·거문에 거문화권이 되는 데다 차성안궁한 일월에 태음화과가 비추고 부모궁으로는 괴월이 협할 뿐만 아니라 부모궁으로 파군화록이 비추게 된다.

기거가 고격이 되는 것은 반드시 부모궁과 연동(連動)되고 난 연후에야 고격이 된다는 것을 알 수 있는데, 천기는 기본적으로 참모의 성이라 훌륭한 주군을 만나야 쓰임이 있다는 이치에 착안한다면 왜 이런 년생들만 고격이 되는지 이해할 수 있을 것이다.

한편 이 조합은 감정적으로 문제가 있기 쉬운 조합인데 부처궁에 변화가 많은 일월조합을 차성안궁해서 만나고, 재백궁 천동·복덕궁 천량은 동량성계로 불안정한 조합이며,

천이궁은 공궁이니 다른 성계보다 훨씬 살에 민감하다. 경양·타라를 보면 일월성계와 인리산재(人離散財)의 격이 이뤄지고, 화령·천마를 보면 천기의 변동성을 증가시킨다. 그래서 이 조합은 특히 도화성을 꺼리는데, 보게 되면 감정상의 불미스러움이 발생한다.

성격은 집중력이 강하고 말을 잘하나 따지기 좋아하고 신경이 예민하며 의심이 많다.

(7) 천기·태음

사 천상 △	오 천량 ◎	미 칠살 염정 ◎◎	신
진 거문 △	자미가 묘궁에 있을 때		유
묘 탐랑 자미 △◎			술 천동 ◎
인 태음 천기 X◎	축 천부 ◎	자 태양 xx	해 파군 무곡 △△

사 파군 무곡 X△	오 태양 ◎	미 천부 ◎	신 태음 천기 △△
진 천동 △	자미가 유궁에 있을 때		유 탐랑 자미 △△
묘			술 거문 ◎
인	축 칠살 염정 ◎◎	자 천량 ◎	해 천상 ◎

인신궁에서 천기·태음이 동궁한다.

고인은 이 조합을 '기월동량 작리인(作吏人)'이라고 해서 하급공무원이 된다고 보았다. 기월동량이라 함은 천기·태음이 좌명하면 재백궁에 천동, 관록궁에 천량으로 '기월동량'의 네 성을 삼방에서 보기 때문이다. 두수성계 네 가지 계통 중에서 가장 유약한 조합의 전형인 기월은 성계 자체가 유약한 성향이 있고, 협궁은 부모궁 자미·탐랑, 형제궁 천부로 남·북두의 귀인성들이 협하고 있어 귀인들의 부림을 받는 하급관리가 된다고 본 것이다.

이 성계는 계획에 능한 천기와 부드러운 태음이 동궁하고 있으므로 계획과 기획능력이 있으며 처사에 조리가 있고 꼼꼼하기 때문에, 길성을 보면 공무원이나 문직(文職)이나 대기업에 근무하여 성공하나, 흉하면 간교하여 음모나 권모술수를 부리고 도덕 관념이 없는 사람이 되어 일생 직업과 감정 풍파가 심하고 잔재주를 피우며 겉만 번드르르한 삶을 살게 된다.

이 조합은 태음이 동궁하고 있기 때문에 남명은 성격적으로도 여성적인 경향이 있으며 이성 접근이 쉽고 여성의 심리에 정통하며, 여성도 용모가 미려하고 감정이 풍부하나 변덕이 있기 쉬우며 이성이 많이 따른다.

복덕궁이 진술궁의 거문으로 감정 고충의 성계인 거문·천동성계를 보므로, 복덕궁이 부실하면 감정 풍파가 많고 진로에도 애로가 많게 된다. 그러나 기월성계가 가지고 있는 민감하고 예민하며 정서적으로 흐르기 쉬운 결점은 곧 예술적인 기질로 발현되기 쉬운 단초를 제공하므로 도화성과 재주의 성을 보면 그런 쪽으로 발전하는 경우도 많다.

천기·태음의 삼방에서 천동·천량을 만나는데 천동은 정서적이고, 천량은 이지적이기 때문에 이 두 성이 무슨 성과 만나느냐에 따라 그 사람이 어떤 형의 사람인가를 볼 수 있다. 거문화기를 보면 일의 계획단계나 그 일의 진행과정에서 큰 시비가 있고, 태음화기를 보면 계획에 유혹성이 있으나 실패하게 된다.

창곡을 보면 기월의 우유부단함을 가중시키고, 보필·녹존 등 후중한 성을 보는 것을 좋아한다. 괴월은 모든 천기성계가 좋아하는 성이므로 두말할 것 없이 좋다.

(8) 천기·천량

사	칠살 자미 ○○△ 오	미	신
진	천량 천기 ○○	자미가 사궁에 있을 때	파군 염정 ×× △ 유
묘	천상 ××		술
인	거문 태양 ◎◎	탐랑 무곡 ◎◎ 축	태음 천동 ◎◎ 자	천부 ○ 해

사	천부 △	태음 천동 오 ×××× 미	탐랑 무곡 ◎◎	거문 태양 ◎◎ 신
진		자미가 해궁에 있을 때		천상 ×× 유
묘	파군 염정 ○ ×			천량 천기 ○○ 술
인		축	자	칠살 자미 △○ 해

진술궁에서 천기와 천량이 동궁한다.

고인은 이 성계에 대해 '기량(천기·천량)이 회합하면 병법을 논하기를 좋아한다. 기량이 수명하고 길성이 더해지면 부귀하고 자상하다. 기량이 명·신궁에 있으면 스님이 되는 것이 좋다. 기량이 있으면 높은 재주가 있다'는 등의 여러 가지 말을 남겨 이 조합에는 변화가 많음을 암시하였다.

이 조합은 후중하고 노숙한 천량이 동궁하여 천기의 가볍고 불안정한 성향을 제어해주므로, 천기 조합 중에서 가장 성격적으로 안정되고 도량이 넓으며 청고한 성격을 가지고 있다.

삼방에서 외국성계인 거일(거문·태양)이 들어오므로 견문이 넓어 박학다식할 수 있어서, 자기표현을 좋아하는 천량은 자연스레 그 박식함을 바탕으로 병법(고담준론 또는 여러 가지 화젯거리)을 논하기를 좋아한다. 또 기량조합은 본래 재백궁에 재성인 태음이 좌하고, 자녀·전택궁에 부자조합인 무탐조합을 차성안궁하여 재백·전택궁성계가 재에 유리하게 구성되므로, 천량의 역량이 강하면서 길성을 만나면 부귀자상하게 된다. 『전서』에는 무곡·천부·태음 외에 천량도 재성으로 본 흔적이 있다.

반면 기량성계의 복덕궁은 정성이 없는 공궁이고, 협궁의 한쪽도 정성이 없는 공궁이며, 다른 한쪽만 개창력·창조력이 풍부한 자미·칠살이 협하고 있어 기본적으로 자유로운 사고와 상상력·창조력·발명의 능력이 있을 수 있는 구조인데다가, 명궁의 기량성계의 천기는 기계·기술의 속성이 있으므로 이 천기의 성향이 강해지면 '높은 재주(高藝隨身)'가 있게 된다. 현대에는 예능·기술·발명·디자인·설계 등 전문 기술업에 종사하는 경우가 많다.

천량은 본래 감찰 관리 감독의 본질과 함께 형극의 속성을 가지고 있는데, 이 성계에 양타·화기·천형 등을 보면 천량의 형극적인 성향이 강해져서, '스님이 되는 것이 좋다'고 한 것처럼 육친 인연이 박하고 탈속적인 성향이 강해져서 종교·철학·정신세계 등에 몰두하는 삶을 지향하게 된다.

그래서 기량성계에는 '별리(別離)'의 의미가 있는 것이다. 육친궁에서 보면 이별을 암시한다. 대운에서 보면 그 대운의 해당 십이사항궁과 관련한 일에 곤란과 파절이 있다.

(9) 태양·태음

사	천량 xx	칠살 ○	미	염정 ◎ 신
진	천상 자미 ○xx	자미가 진궁에 있을 때		유
묘	거문 천기 ◎○			파군 술
인	탐랑 △	태음 태양 축 ◎xx	천부 무곡 자 ◎○	천동 해 ◎

사	천동 ◎	천부 무곡 오 ○○	태양 태음 미 △△	탐랑 신 ◎
묘	파군 ○	자미가 술궁에 있을 때		거문 천기 유 ◎○
묘				천상 자미 술 △X
인	염정 ◎	축	칠살 자 ○	천량 해 xx

축미궁에서 태양과 태음이 동궁한다.

고인은 이 조합에 대해 '삼방에 길성이 없으면 오히려 흉하다. 태양·태음이 명궁에 있는 것이 다른 곳에서 비춰 들어오는 것만 못하다. 일월이 미궁에 있는데 축궁이 명궁이면 제후의 재목이다' 등의 이야기를 하고 있다.

이러한 고인의 관점은 일월조합이 상당히 변화가 많고 민감함을 암시하는 것인데, 그 이유는 태양과 태음은 움직이는 성이고 다른 궁에서는 만나지 않다가 축미궁에서는 서로 동궁하여 더욱 동적인 상황을 부채질하기 때문이다.

태음은 태양빛을 반사하면서 빛을 발하기 때문에, 축궁보다는 태양이 힘이 있는 미궁의 일월이 좋다.

태양은 귀, 태음은 부, 태양은 발산, 태음은 수렴의 의미가 있는데 이렇게 서로 상반된 성향의 속성이 동궁하므로 표현상 '홀음홀양(忽陰忽陽 : 갑자기 뜨거웠다가 갑자기 식는 등 변덕스러움을 말함), 선근후라(先勤後懶 : 처음은 부지런하다 나중에 게을러지는 것을 말함)'하는 경향이 있어, 대인관계에서도 일시적으로 몰입했다가 또 어느 순간에는 그 감정이 식고, 사업적인 면에서도 어떤 때는 적극적으로 치고나가다가 어느 때는 소극적으로 변하는 등 변화나 변덕이 많은 것으로 나타난다. 이러한 성향이 다른 보좌성에 의해 중화되면 고인이 표현한 것처럼 '제후의 재목'에 준하는 출세를 하는 사람이 되지만 중화되지 못하면 일생 '고생하고 분주'한 변화와 파동이 많은 삶을 살게 된다.

태양·태음이 좌하는 것보다 끌어다 쓰는 것이 좋다는 고인의 말들은, 동적인 일월을 깔고 있으면 파동이 심하기에 그런 것이다. 다른 한편으로는 일월이 좌할 때 천이궁과 재백궁이 공궁이 되지만, 공궁이 명궁이면서 천이궁의 일월을 끌어다 쓰는 경우는 재백궁과 관록궁 등에 정성이 있어서 財·官 모두 유리해지고, 또 관록궁에는 천동성이 있어서 일월이 좌할 때처럼 천량의 고극과 형극적인 영향을 받지 않는 점도 있기 때문에 그러한 것이다.

고인은 일월 자체가 변화가 많으므로 불안정함을 싫어해서 평가절하 했지만, 오늘날처럼 변화와 변혁이 시대의 화두가 되는 첨단시대에는 일월성계만큼 적응력이 뛰어난 성계가 없기 때문에 고인의 관점에 얽매이지 말아야 한다. 진술궁을 포함한 이 일월성계는 임상경험상 대중성계로 언론·방송·인터넷·광고·정치·정부기관이나 학교 등 공공조직 등에서 활동하는 데 매우 유리한 성계이다. 또 대중과 접촉이 많은 가수나 탤런트 등 인기인에게 이 조합이 매우 많다.

성격도 대체로 시원스럽고 중용감각이 뛰어나며 직관력과 문예적인 성향이 많으나, 불의를 참지 못하고 입바른 소리를 잘하기 쉬운 면도 있다. 일월이 동궁할 때는 잡성과 보성을 살펴 일월에 대한 영향력을 정한다. 문창·천괴·좌보는 태양에, 문곡·천월·우필은 태음에 영향을 준다.

(10) 태양·천량

사 태음 xx	오 탐랑 ○	미 거문 xxxx	신 천상 ◎△ 천동 무곡
진 천부 염정 ◎○	자미가 자궁에 있을 때		유 천량 태양 △X
묘			술 칠살
인 파군 xx	축	자 자미 △	해 천기 △

사 천기 △	오 자미 ◎	미	신 파군 xx
진 칠살 ○	자미가 오궁에 있을 때		유
묘 천량 태양 ◎◎			술 천부 염정 ◎○
인 천상 무곡 ◎X	축 거문 ○xx	자 탐랑 ○	해 태음 ◎

묘유궁에서 태양과 천량이 동궁한다.

고인은 묘궁의 태양·천량에 대해서만 '일조뇌문(日照雷門 : 태양이 묘궁에서 비친다는 뜻)'이라 해서 부귀하여 이름을 날린다고 하고, 유궁의 양양(태양·천량) 조합은 '귀하기는 해도 현달하지 못하고 자질은 있어도 두각을 나타내지 못한다'고 해서 차이를 두었다. 이는 묘궁의 양양 조합을 떠오르는 태양, 유궁의 양양 조합을 지는 태양으로 보고 그와 같은 추론을 한 것이다.

이 조합은 고극과 형극의 의미를 띤 천량이 동궁하기 때문에, 더욱 묘왕지의 태양으로 그 흉을 해소해야 하므로 유궁보다는 묘궁의 태양을 더욱 선호하게 되는 것이다.

묘궁의 태양은 인연도 좋고 사업성취도 비범하지만 유궁의 태양은 현달하지 못할 가능성이 있고 말년에는 고독해지기 쉬우므로 이런 명은 특별히 노후보장에 신경을 써야 한다.

태양은 공공적인 성향이 강한 성이고 천량은 원칙과 규율의 성질이 있는 성이기 때문에, 이 두 성이 만나면 국가고시를 통해서 입신하는 것에 매유 유리하며, 특히 이 조합이 문창과 록을 만나면 '양양창록(陽梁昌祿)'이라고 해서 시험에 유리한 조합이 된다.

대체로 고급공무원·판검사·회계사·한의사·교수·의사·정치인 등 대중에게 영향력을 행사하는 직업군에 이 조합이 많다. 사업을 하더라도 전문지식이나 상표·메이커 등에 의지해서 사업을 하거나 관급공사를 하는 경우가 많다.

성격도 양명하고 도량이 넓으며 원칙적인 성향이 강하고 성격이 곧다. 남성육친에 불리한 태양, 형극속성이 있는 천량이 있으므로 살을 많이 보면 육친불리·감정불리해서 여명에게는 좋지 않다. 태양은 육길성을 좋아할 뿐 아니라 생일기준으로 찾는 삼태·팔좌·은광·천귀와 같은 성을 매우 좋아한다.

이런 잡성을 짝성으로 온전하게 보면 사회지위를 제고시키는 데 일조를 하게 되므로 태양을 볼 때 이러한 잡성을 보는지를 유심히 봐야 한다. 이 성계는 별리(別離)의 의미가 있고 질병으로는 신경, 내분비계통의 질병을 뜻하며 천월(天月)을 보면 일생 약물을 떠나지 못한다.

(11) 거문·태양

사	칠살 자미 ○△ 오	미	신
진	천량 천기 ○○	자미가 사궁에 있을 때	파군 염정 ×× △ 유
묘	천상 ××		술
인	거문 태양 ◎◎	탐랑 무곡 ◎◎ 축	태음 천동 ◎◎ 자	천부 ○ 해

사	천부 △ 오	태음 천동 ×××× 미	탐랑 무곡 ◎◎	거문 태양 ◎× 신
진		자미가 해궁에 있을 때		천상 ×× 유
묘	파군 염정 ○×			천량 천기 ○○ 술
인	축	자	칠살 자미 △○ 해

인신궁에서 거문과 태양이 동궁한다.

고인은 '거일(거문·태양)이 동궁하면 삼대에 걸쳐 관에서 책봉을 받는다, 거일이 인궁에서 명궁이 되면 식록이 있은 다음 이름을 날린다'고 하면서 거일 조합에 대해 비교적 긍정적인 표현을 하였다. 그러나 이 경우도 축미궁의 일월 조합처럼 인궁과 신궁에 있을 때의 길흉이 차이가 난다. 역시 인궁은 태양이 뜨는 시기, 신궁은 태양이 지는 시기에 해당하므로, 인궁의 거일은 어두움을 물리치고 태양이 떠올라 만물을 밝게 하는 것과 같아서 초년에 어려움과 고생이 있지만 중말년은 태평하게 되나, 신궁의 거일은 인생에서 일 단기간 휘황한 성취가 있다 하더라도 말년은 시들해지기 쉬우므로 역시 노후를 대비해야 한다.

거문은 암성이고 태양은 빛을 발하는 성이다. 이 두 성이 동궁하면 어두운 곳·미지의 것·알려지지 않은 것 등에 비교적 능숙하게 대처하므로 대표적인 외국성계가 된다. 또 거일이 좌명하면 특이하게 재백궁·관록궁·천이궁에 정성이 없는 공궁이 되는데, 공궁은 빈집과 같아서 무력함을 의미하지만 저항이 없는 것을 상징하기도 해서, 명궁 거일이 바깥사물을 대할 때 거일의 눈으로는 밖에서 아무런 저항세력이 없으니 마음 놓고 움직일 수 있는 조건이 형성되기 때문에 낯선 곳·타향·외국 등에서 쉽게 적응하게 되는 것으로도 해석할 수 있다.

거일이 좌명하면 낯선 사람이나 낯선 곳을 두려워하지 않는 경향이 있으며, 외국어를 습득하는 능력이 뛰어나다. 그래서 외국어 교사나 여행사·무역·통역·번역 등 외국과 관련한 일에 종사하는 경우가 많다.

또 거문이 구설시비를 주관하고 태양은 대중을 의미하므로 대중을 상대로 구설시비를 일삼는 교사·교수·언론사·기자·방송사 앵커·변호사·국회의원·설교가 등의 직업도 많다.

 성격적으로 반듯하고 성실하며 곧은 사람이 많고 순수한 인품의 소유자가 많으나, 신궁의 거일은 적극적이지 못하고 용두사미의 경향이 있고 유순하나 세상번뇌에서 벗어나 편안하게 살려는 성향이 있다.

 거일은 구설·외무·명성·외국인·시비송사 등의 의미가 있기 때문에 상황이 좋으면 외국인이나 외지인으로부터 인정받고 말로 돈을 벌 수 있으나, 상황이 좋지 않으면 외지인이나 외국인으로부터 기만당하고 구설로 인해 사단이 난다. 육친궁에 들어가면 시비가 많다.

(12) 무곡·천부

사 천량 xx	오 칠살 ○	미	신 염정 ◎
진 천상 자미 ○xx	자미가 진궁에 있을 때		유
묘 거문 천기 ◎○			술 파군 ○
인 탐랑 △	축 태음 태양 ◎xx	자 천부 무곡 ◎◎	해 천동 ◎

사 천동 ◎	오 천부 무곡	미 태음 태양 △△	신 탐랑 △
진 파군 ○	자미가 술궁에 있을 때		유 거문 천기 ◎○
묘			술 천상 자미 △X
인 염정 ◎	축	자 칠살 ○	해 천량 xx

자오궁에서 무곡과 천부가 동궁한다.

고인은 이 조합에 대해서 말하기를 '천괴·천월과 있으면 돈을 맡는 관리가 된다. 무곡천부가 재백궁·전택궁에 있으면서 다시 권과 록을 보면 부유하고 호사스러운 삶을 누린다. 무곡천부가 있으면 오래 산다' 했는데, 무곡성계 중 대체로 길한 조합의 하나다. 고인이 이 조합이 기회와 발탁을 의미하는 괴월을 보면 돈을 맡는 관리가 된다고 한 것은 두 성 모두 재성인데 기인한 것이고, 무곡은 행동으로 돈을 버는 의미를, 천부는 돈을 잘 지키고 저장하는 의미를 가지고 있어서 돈을 관리하는 데 유리한 조합이 되기 때문이다. 오늘날은 은행·증권회사·카드회사와 같은 금융계통이나 재경계 등에서 발달할 수 있는 조합이다.

무곡의 행동력과 천부의 보수적인 수성 능력은 언뜻 조화롭게 보이지만 성질상 약간의 충돌이 있다. 복덕궁의 탐랑이 화령을 보면 성격이 급해져서 천부의 겸손하고 후중한 장점은 퇴색되고 무곡의 강경한 기질이 증가되는데, 여기에 양타·겁공·대모 등을 보면 다툼이 많고 화를 잘 내며 좋지 못한 습관에 물들기 쉽고 돈을 지키고 불리는 무부(무곡·천부)의 본성도 잃어버리게 된다. 겁공을 만나면 주인이 고립되고, 다시 천요를 보면 음모와 권모술수를 부리는 사람이 된다. 보필·창곡·천복·천귀 등의 성을 봐야 비로소 근검절약하고 겸손하며 진퇴에 지장이 없는 사람이 된다.

이 무부성계는 유부남 유부녀 성계로 도화성을 보고 있는데, 운에서 인동되면 유부남 또는 유부녀와 감정이 생기기 쉽다.

위에서 무부가 겁공을 만나면 주인이 고립된다고 했는데, 이는 천부가 공고(空庫)가 되기 때문에 그러하다. 실제 임상에서 이렇게 고립된 무부성계를 만나면 각 십이사항궁에 해당하는 궁의 의미에 따라 '고립'을 해석하면 징험함을 볼 수 있다.

무부 성계는 격국이 좋으면 부자가 된다. 육친궁에 들어가더라도 무곡성계 중 가장 형극이 적다. 화기를 꺼린다.

(13) 무곡·칠살

사	탐랑염정 xxxx	거문 오 ○	천상 미 X	천량천동 신 xx○
진	태음 xx			칠살무곡 유 X ○
묘	천부 △	자미가 축궁에 있을 때		태양 술 xx
인		파군자미 축 ○◎	천기 자 ◎	해

사		천기 오 ◎	파군자미 미 ◎◎	신
진	태양 ○			천부 유 xx
묘	칠살무곡 	자미가 미궁에 있을 때		태음 술
인	천량천동 ◎ X	천상 축 ◎	거문 자 ○	탐랑염정 해 xxxx

묘유궁에서 무곡과 칠살이 동궁한다.

고인은 이 조합에 대한 평가가 인색하다. '무곡·칠살이 경양을 만나면 돈 때문에 칼을 든다. 무곡이 묘궁에 있으면 나무에 깔리고 천둥소리에 놀란다. 무곡·칠살·화성이 만나면 돈 때문에 겁탈 당한다'고 해서 좋지 않은 소리 일색이다. 이는 무곡·칠살이 묘유궁에서는 함지가 되므로 두 성이 가지고 있는 결점이 노출되기 쉬운데, 무곡은 행동력이 강한 반면에 긴 생각이 부족한 단점이, 칠살은 개창력이 강한 반면 지나친 살기가 고조되기 쉽기 때문이다.

성격적으로도 예민하고 성급하며 극단적이 되기가 쉽고, 살성을 보면 박정하다. 총명하고 지혜가 있으나 긴 생각이 부족하다.

필자의 경험으로는 이러한 조합이 성공하고 발달하기 위해서는 身宮이 묘왕지에 있어야 함지의 무곡·칠살의 한계를 극복할 수 있었다. 특히 관록궁 자파가 身宮이면서 길성을 보면 고급공무원이나 특수기능직으로 발달하는 경우도 심심치 않게 보았다.

이 무살 성계는 살기가 지나치기 때문에 살을 보면 '나무에 깔리고 천둥소리에 놀라는' 사고나 재난이 있기 쉬우며, 암이나 심각한 질병 등에도 노출되기 쉬우므로 살을 많이 보는 것은 아주 좋지 않다. 무곡이 다른 길성을 보지 않고 창곡만 보면 오히려 결단력이 없고 우유부단하게 나타나므로 주의해야 한다.

무직·공예·공업계에 이로우며 장사는 불리하다.

육친궁에 들어가는 것을 아주 꺼린다.

무곡·칠살성계는 뼈를 다치는 성계다. 거문·천동도 골병(骨病)을 뜻하는데, 거문·천동의 병은 골밀도의 변화나 퇴화 등으로 신경계통에 영향을 주어서 생기는 것이고, 무곡·칠살은 외래적인 충격으로 다치는 것이다.

(14) 무곡·천상

사	태음 ××	오	탐랑 ○	미	거문 ○×××	천곡 ××××	신	천상 무곡 ◎△
진	천부 염정 ◎○		자미가 자궁에 있을 때			유	천량 태양 △×
묘						술	칠살 ○
인	파군 ××	축		자	자미 △	해	천기 △

사	천기 △	오	자미 ◎	미		신	파군 ××
진	칠살 ○		자미가 오궁에 있을 때			유	
묘	천량 태양 △○					술	천부 염정 ◎○
인	천상 무곡 ◎×	축	거문 ○××	자	탐랑 ○	해	태음 ◎

인신궁에서 무곡과 천상이 동궁한다.

고인은 '무곡과 천상이 문창·문곡과 만나면 총명하고 교예가 무궁하다'고 했다.

이 조합은 천상이 동궁하고 있기 때문에 무곡으로 하여금 천상이 가지고 있는 부드러움·정의감·자비심·충성심·애증이 분명한 성향 등을 갖게 한다. 또 이 조합은 기지가 있고 유머감이 넘칠 뿐만 아니라 동정심이 풍부한 호인이 많다.

협궁으로 태양·천량성계가 협하므로 대중과 어울리는 일에 이로워서 조합이 좋으면 공직으로 발달하는 경우가 많고, 사업을 해도 태양·천량의 성향과 천상의 속성 때문에 대리점 등을 하는 경우가 많다.

대궁에 파군이 있어 무상(무곡·천상)에 영향을 주는데, 가령 살성이 명궁에 있거나 천이궁에서 파군과 동궁하고 있으면, 특히 양타가 협명하는 상황에서는 주관이 매우 강렬하여 독재자가 되기 쉽다. 만약 다시 보필·창곡 등을 만나면 통치욕이 더욱 강렬하게 된다.

이때 무곡·천상이 가지고 있는 온화한 성질이 아주 약해져서 겉은 잘 지내는 것 같지만 내심은 격렬하며 근무를 잘 하는 성질이 통치욕의 증가로 바뀌게 된다.

만약 살성과 화기를 만나지 않으면 무상은 도리어 창곡을 좋아해서 정치나 재경계에 종사할 수 있으나, 살성을 만나면 총명해도 교예에 종사하게 된다.

여명은 부처궁에 탐랑이 자미를 보고 있어 남편이 외도하기 쉽거나 헤어지기 쉬운 단점이 있다.

이 성계는 대궁에 파군, 복덕궁에 칠살이 있어 좌절과 결렬의 뜻이 있다. 재음협인을 좋아하고 형기협인을 꺼리며 화령을 꺼리고 천부가 길한 것을 좋아한다.

(15) 무곡·파군

사 천상△	오 천량◎	미 칠살○ 염정◎	신
진 거문△	자미가 묘궁에 있을 때		유
묘 탐랑△ 자미○			술 천동△
인 태음X 천기○	축 천부◎	자 태양xx	해 파군△ 무곡△

사 파군X 무곡△	오 태양◎	미 천부◎	신 태음△ 천기△
진 천동△	자미가 유궁에 있을 때		유 탐랑△ 자미△
묘			술 거문○
인	축 칠살◎ 염정○	자 천량◎	해 천상△

사해궁에서 무곡과 파군이 동궁한다.

고인은 이 조합에 대해 '무곡·파군이 있으면 조업을 없애고 집안을 망하게 하고 고생한다. 무곡이 파군을 만나면 귀현(貴顯)하기 어렵다. 무곡이 한궁(閑宮)에 있으면 손재주가 많다'고 했다.

이는 무곡·파군 조합이 자수성가하거나 재주가 많아 공장(工匠)이나 기술자가 되는 경우가 많아서 고대사회에서 귀한 대접을 받지 못했기 때문이 아닌가 한다.

무파가 사해궁에 있으면 평지로 함지에 가까울 뿐만 아니라, 재백궁과 관록궁에 정성이 두 개씩 있어 성계가 매우 태강해서 살성을 보면 인생의 모든 부분에서 변화가 극심해진다.

무곡은 재성이고 파군은 소모성이므로 동궁하면 파재하기 쉬운데다가, 전택궁은 기월성계가 있어서 조업에 변동이 있기 쉬우며, 무곡은 금성이며 파군은 소모하는 성이니 금속을 깎고 다듬는 것과 같아서 손재주가 많으며, 여기에 살을 보면 기술에 의지하여 먹고사는 경우가 많은 것이다.

여기서 기술이란 직접적인 손재주가 있는 기술자뿐만 아니라 스포츠 등에 뛰어난 재주를 보이는 경우도 포함된다. 고대사회에서 기술자의 지위가 낮았으나, 현대에서는 오히려 이공계 인사들이 발달하는 경우가 많고, 빌게이츠처럼 기술로 사업을 일으켜 거부가 되는 경우도 있으며 박찬호나 박세리처럼 스포츠로 스타가 되어 부귀한 경우가 많으니 옛날처럼 낮게 평가해서는 곤란하다.

무파의 성격은 전문기능을 연구하기 좋아하며 성격이 솔직담백하고 흑백이 아주 분명하다. 대궁에 천상·복덕궁에 천부가 있어 분위기가 가라앉게 되고, 생각한 뒤에 행동하게 된다. 육친궁에 들어가는 것을 꺼리며, 공예나 기술 등으로 성공한다. 성계가 지나치게 강하므로 다치기 쉽다.

(16) 무곡·탐랑

사	칠자 살미 ○△ 오	미	신
진	천천 량기 ○◎	자미가 사궁에 있을 때	파염 군정 ××△ 유
묘	천 상 ××		술
인	거태 문양 ◎◎	탐무 랑곡 축 ◎◎	태천 음동 자 ○◎	천 부 해

사	천 부 △ 오	태천 음동 ×××× 미	탐무 랑곡 ◎◎	거태 문양 ◎× 신
진	파염 군정 ○×	자미가 해궁에 있을 때	천 상 ×× 유
묘			천천 량기 ◎◎ 술
인	축	자	칠자 살미 △△ 해

축미궁에서 무곡과 탐랑이 동궁한다.

고인은 '무곡·탐랑이 축미궁에서 동궁하면 소년시기에 불리하고 30세 이후에 발달하는데 먼저는 가난했다가 뒤에 부자가 되며 인색한 사람이다'고 했다.

그러나 무탐이 축미궁에서 소년시기에 불리하고 먼저 가난하고 뒤에 부유하려면 화성이나 영성과 동궁해야 하며, 그렇지 않을 경우는 오히려 소년시기에 향수를 누린다.

무곡은 본래 고독의 성이나 교제와 접대에 능한 탐랑과 동궁하므로 교제를 잘하고, 시원스러운 성격에 주변 친구들로부터도 인정을 받는데, 탐랑이 가지고 있는 물욕적인 성향 때문에 살성과 화기·지공·지겁·대모 등을 보면 도박이나 투기·주색 등으로 망하기 쉬우므로 주의해야 한다.

또 이 성계는 재예가 있으므로 살을 보면 전문기술로 나가는 경우가 많고 금융계통에서 발달하는 경우도 많다. 미궁의 무탐성계에 계년생으로 탐랑화기와 양타를 보며 도화성을 많이 만난 여명을 본적이 있는데 손재주가 좋아 매우 큰 미장원을 운영하였다.

무탐의 성격은 개창력이 강하며 사업심이 중하고 명예를 중시하며 물욕이 아주 강하고 이기적인 경향이 있다. 조합이 좋으면 권력과 권세를 주하여 대기업이나 정부에서 경제의 대권을 쥐거나 큰 부자가 된다.

(17) 천동·천량

사 탐랑정 xxxx	오 거문 ◯	미 천상 X	신 천천 량동 xx◯
진 태음 xx	자미가 축궁에 있을 때		유 칠무 살곡 xx◯
묘 천부 △			술 태양 xx
인	축 파자 군미 ◎◯	자 천기 ◎	해

사	오 천기 ◎	미 파자 군미 ◎◯	신
진 태양 ◯	자미가 미궁에 있을 때		유 천부 xx
묘 칠무 살곡			술 태음 ◯
인 천천 량동 ◎X	축 천상	자 거문 ◯	해 탐랑정 xxxx

인신궁에서 천동과 천량이 동궁한다.

고인은 '천동·천량 천기·태음이 인신궁에 있으면 일생 관리로 총명하다'고 했다. 인신궁의 천기·태음 조합과 더불어 삼방에서 '기월동량'이 완벽하게 이뤄지는 조합이나, 천기·태음과 다른 것은 협궁이 자미·천부가 아니라 무곡·칠살과 천상인 점이 다르다. 협궁의 성이 모두 고독한 성계이고, 명궁의 성계인 천동·천량도 봉흉화길의 성이므로 동량 성계는 자수성가의 의미를 가지고 있다.

이 조합은 협궁에 자부가 있지 않으나 대신 천이궁에서

자부의 협을 받으므로 활동무대에서 귀인의 조력이 많다. 사람됨이 품덕이 고상하고 심성이 온화하고 선량하며, 설사 악성·살성이 더해지더라도 일생 곤란함이 많을 뿐 품격이 이로 인해 나빠지지 않는다.

이 조합은 다재다능하여 공직 등에 유리할 뿐만 아니라, 보좌길성을 보면 문화·전파·광고사업 등에 종사하는 경우가 많고, 도화성을 보면 유흥업(노래방·다방·술집·오락실·PC방 등)·연예인·예술인 등의 직업을 갖는 경우가 많다.

임상경험에 의하면 천량의 노인성에 천동의 감정성이 결합되어서인지 유부녀 또는 유부남과 사랑에 빠지는 경우가 많았다. 이 조합은 감정에 좋은 조합은 아니어서 결혼생활에 감정적인 문제로 우여곡절이 많은 경우도 종종 보았다.

동량조합은 명사(名士)의 풍도가 있으며, 녹을 보면 녹에 연연하느라 안일에 빠지며 진보를 생각지 않는다.

(18) 천동·거문

사	태음 xx	오 탐랑 ○	미 **거천 문동 xxxx**	신 천무 상곡 ◎△
진	천염 부정 ◎○	자미가 자궁에 있을 때		유 천태 량양 △X
묘				술 칠살 ◎
인	파군 xx	축	자 자미 △	해 천기 △

사	천기 △	오 자미 ◎	미	신 파군 xx
진	칠살 ○	자미가 오궁에 있을 때		유
묘	천태 량양 ◎△			술 천염 부정 ◎◎
인	천무 상곡 ◎X	축 **거천 문동 ○xx**	해 탐랑 ○	해 태음 ◎

축미궁에서 천동이 거문과 동궁한다.

거문은 암성으로 다른 별을 어둡게 하는 특징이 있고 천동은 감정과 정서를 주관하는 성이다. 이 두 성이 만나면 천동은 거문에 의해 감정과 정서상 우울의 암시가 있게 되는데, 이 때문에 이 성계는 남모르는 감정 고충의 암시가 있게 된다.

유명한 초선(여포의 애인)과 양귀비가 이 축미궁의 거문·천동이 명궁이었다.

거문은 항상 태양의 향배에 의해 그 어두움의 농도에 차이가 있으므로, 묘왕지의 태양을 만나는 축궁이 그래도 거동의 감정상의 어두움을 풀 수 있으나, 미궁이라면 함지의 태양을 차성안궁해서 보기 때문에 감정 고충이 훨씬 많게 된다.

명궁의 조합에서뿐만 아니라 부처궁을 봐도 축궁이 훨씬 낫다. 축궁에 거동이 있을 때는 부처궁에 묘왕지의 태음이 있고 대궁에 천기가 있는 반면, 미궁에 거동이 있을 때의 부처궁은 사궁으로 함지의 태음이 좌하며 대궁에 천기가 있어 사해궁의 기월이 가지고 있는 '마시기 좋아하고 고향 떠나고 간교함이 심한' 성계의 의미가 발현되므로 부처궁이 불안하게 되는 것이다.

이 조합 중 특히 미궁이 명궁이면서 축궁의 거동을 차성안궁하는 경우는, 묘궁의 태양천량과 해궁의 태음으로 묘왕지의 일월이 삼방에서 비춰 들어와 '명주출해(明珠出海)'격이라 해서 삼공의 지위에 오른다고 할 정도의 고격이 형성되니 주의할 일이다. 이 격이 고격이 되는 이유는 대궁의 거동에 키포인트가 있는 것이 아니라 묘왕지의 일월이 비추는 것이 핵심이다. 또 명궁이 공궁이기는 하나 양 협궁에서 자미·파군이 협해서 명궁으로 하여금 정치적인 성향을 갖게 하기 때문에 고격에 일조를 하는 면도 있다고 본다.

거문·천동 조합은 일반적으로 정서가 풍부한 경우가 많아서 정서나 감정을 고양시키거나 그런 것을 누리도록 가르치는 직업, 예컨대 메이크업·미용·꽃꽂이·요리·천연염색·디자인·예술가·무용가·음악가 등에 많다.

이 거문·천동 조합을 부처궁에서 보는 것은 좋지 않은데, 삼자 개입이 있기 쉽다. 자녀궁에서 보는 것도 좋지 않아서 자녀에게 어두운 면이 있고, 다시 질병성이 비추면 지능에 문제가 있다. 영성을 보는 것은 더욱 좋지 않다.

거동은 관(管)을 의미한다. 그래서 식도·골수·척추·신경선 등의 의미가 있고, 거문화기가 되면 그런 곳이 막히거나 문제가 있다.

(19) 천동·태음

사	칠살 자미 ○△	오	미	신
진	천량 천기 ○◎	\multicolumn{2}{c}{자미가 사궁에 있을 때}	파군 염정 ××△ 유
묘	천상 ××			술
인	거문 태양 ◎◎	탐랑 무곡 ◎◎ 축	태음 천동 ◎◎ 자	천부 ○ 해

사	천부 △	태음 천동 ×××× 오	탐랑 무곡 ◎◎ 미	거문 태양 ◎× 신
진		\multicolumn{2}{c}{자미가 해궁에 있을 때}	천상 ×× 유
묘	파군 염정 ○×			천량 천기 ○◎ 술
인	축	자	칠살 자미 △△ 해

자오궁에서 태음·천동이 동궁한다.

이 조합에 대해 고인들은 오궁과 자궁을 따로 이야기했다.

오궁의 천동·태음이 경양을 보는 것을 '마두대검 진어변강(馬頭帶劍 鎭禦邊疆 : 변방의 오랑캐를 위엄으로 진압한다)'이라 했고, 자궁의 동월을 '수징계악(水澄桂萼 : 청렴함이 요구되는 직책을 맡으며 충성스럽게 간쟁하는 사람이 된다)'이라 하였다.

이 조합은 태음과 천동 모두 감정과 정서를 주하는 성이기 때문에 유약하고 감정이 풍부하며 꿈과 이상이 많다. 그러나 경험에 의하면 이 조합은 겉은 유약하고 부드럽게 보여도 내심으로는 매우 고집스럽고 의심이 많으며 지기 싫어하는 성질이 있는데, 그것은 동월이 명궁이 되면 복덕궁에 거문·태양이 있기 때문이다. 중주파에서 "태음을 보면 반드시 복덕궁을 유심히 보라" 하는데, 자오궁의 동월 조합이 그 대표적인 경우라 하겠다.

이 조합은 태음이 좌한 관계로 이론적으로 자궁이 훨씬 낫고 오궁은 태음이 함지기 때문에 좋지 않아야 할 것인데, 오궁의 동월이 경양과 동궁하여 동월에 격발을 주면 마두대전격이 되어서 자궁의 동월보다 훨씬 큰 성취를 본다. 주로 정치·군·경·사법·금융·공업계통에서 두각을 나타내는 경우가 많다. 그러나 오궁의 동월이 마두대전격이 형성되지 못하면 자궁보다 훨씬 못한데, 감정과 정서적인 면에서 불리하고 의지박약하여 인생살이가 불안정하며 정처가 없고 편치 못한 삶을 살게 된다.

자궁의 천동·태음은 청렴함이 요구되는 직책을 맡는다는 말처럼 현대에도 격에 따라 교수·교사·공무원·학원강사·유치원교사와 같은 직업을 가지는 경우가 가장 많고, 얼굴을 깨끗하게 하는 미용관련(피부미용·미용사·화장품업 등)업에서도 종종 이 조합을 보며, 관록궁 기량성계의 영향으로 인해서 의료·의약·중계·납품·보험 등의 업종에도 활약하는 사람도 보았다.

동월은 도화성을 꺼리는데, 여성이라면 의지박약하고 삼자 개입이 있기 쉽다. 이 성계가 자녀궁에 있으면서 화기가 되면 정박아나 자폐아가 있기 쉽다.

(20) 염정·탐랑

사 탐염 랑정 ××××	오 거문 ○	미 천상 ○	신 천천 량동 ××○
진 태음 ××	자미가 축궁에 있을 때		유 칠무 살곡 ×○
묘 천부 △			술 태양 ××
인	축 파자 군미 ○◎	자 천기 ○	해

사	오 천기 ◎	미 파자 군미 ◎◎	신
진 태양 ○	자미가 미궁에 있을 때		유 천부 ××
묘 칠무 살곡 ××××			술 태음 ○
인 천천 량동 ◎×	축 천상 ◎	자 거문 ○	해 탐염 랑정 ××××

사해궁에서 염정과 탐랑이 동궁한다.

고인은 이 조합에 대해 "남자는 허랑방탕하고 여자는 음란함이 많다" 해서 좋지 않게 보았는데, 이 두 성 모두 도화성인 데다가, 탐랑이 동궁하고 있기 때문에 삼방인 재백궁·관록궁에서 반드시 파군·칠살을 보게 되는데, 이 두 개의 성이 변화가 많기 때문에 나쁘게 풀리는 경우만을 꼬집어 말했기 때문이다.

이론적으로야 이 사해궁의 염정·탐랑은 함지며, 탐랑은 정도화이고 염정은 차도화로 도화일색이니 이 조합이 잘될

일이 없을 것 같으나, 필자의 경험상 의외로 각계각층에서 부귀하고 사회 지도층 인사가 되는 경우가 많았다.

물론 이 조합은 성계 자체가 함지에 있고, 쌍중으로 살파랑성계를 이루므로 살을 보면 인생에 변화가 많고 불안정한 삶을 사는 경우 또한 많으며, 고인이 지적한 것처럼 감정적으로 불미해서 결혼생활에 풍파가 잦은 삶을 사는 사람도 많다.

그러나 대부분의 책에서 이러한 부정적인 측면에서만 말하고 있기 때문에 필자가 주의를 환기시키는 차원에서 잘되는 경우도 말한 것이다.

도화성이라고 할 때 단순히 '주색'만을 떠올려서는 안 된다. 도화는 심미안이 있고 예술적인 성향이 농후하다는 것을 내포하고 있다. 문창·문곡, 용지·봉각 등과 함께 도화성을 보면 음악·미술뿐만 아니라 설계·실내장식·조각·촬영·미용·디자인·꽃꽂이·연예계·요리 등에서 재능을 발휘할 수 있다. 다만 이 조합이 문창·문곡을 보면 외화내빈하기 쉽고 흰소리를 잘하며 표현이 과장되고 성실성이 부족하다.

필자의 경험상 이 조합에서 성공하는 사람들을 보면 대부분 복덕궁이나 복덕궁에 영향을 주는 재백궁이 좋은 경우가 많았다. 탐랑을 보면 탐랑의 묘왕함지를 막론하고 복덕궁의 구조를 관심 있게 봐야 하는 것이다.

염정화기가 되면 피〈血〉와 관련한 일의 손실이 있고, 탐랑화기가 되면 살〈肉〉과 관련한 일의 손실이 있다. 염정·탐랑의 화기에 천형과 경양을 보면 수술한다. 이 조합은 부처궁에 들어가는 것을 꺼린다.

(21) 염정·칠살

사 천상 △	오 천량 ◎	미 **칠살 염정 ◎◎**	신
진 거문 △	자미가 묘궁에 있을 때		유
묘 탐랑 자미 △△			술 천동
인 태음 천기 X○	축 천부	자 태양 xx	해 파군 무곡 △△

사 파군 무곡 X◎	오 태양 ◎	미 천부 ◎	신 태음 천기 △△
진 천동 △	자미가 유궁에 있을 때		유 탐랑 자미 △△
묘			술 거문 ◎
인	축 **칠살 염정 ◎◎**	자 천량 ◎	해 천상 △

축미궁에서 염정과 칠살이 동궁한다.

고인은 이 조합에 대해 모순된 말을 하고 있는데, "염정·칠살이 묘왕지에 거하면 도리어 부를 쌓는 사람이 된다. 염정·칠살이 있으면 길 위에 시체가 묻힌다. 염정·칠살은 천지를 떠돌아다닌다"고 했는데 위의 염정·탐랑 조합처럼 삼방에 성이 두 개씩 포진되어 변화가 많은 조합이기 때문에 그렇다.

미궁의 염정·칠살은 '웅수건원격'이라 하여 축궁의 염정·칠살보다 더 좋다. 이 성계는 변화를 좋아한다.

『전서』'염정편'을 보면 염정의 화기(化氣)는 수(囚)가 되고 또 살(殺)도 된다고 했다. 이것은 염정 안에 '가둘 수'로 대변되는 단속과 규율(囚)의 기질이 체가 되지만, 그 내밀한 곳에는 감옥에서 꺼내서 참수하는 '죽일 살'로 대변되는 탈출과 변화(殺)의 기질을 용(用)으로 간직하고 있기 때문이다.

이러한 성질의 염정이 칠살을 만나면 염정 내면의 살기(殺氣)와 칠살이 가진 변화와 개창의 살기(殺氣)가 서로 상승작용을 일으켜 변화의 의미를 가지게 된다. 이 살기가 부정적으로 작용하면 살기에 살기를 더하는 것이니 '길 위에 시체를 묻거나 천지를 떠돌아다니는' 조합이 되고, 긍정적으로 작용하면 '자수성가하여 부를 쌓는' 조합이 된다.

염정의 내면의 기질과 칠살의 기질이 서로 상승작용을 하므로, 이 조합은 칠살이 가지고 있는 독립정신과 관리능력을 유감없이 발휘하게 되어 군·경계의 수장이나 컨설팅이나 총무와 같은 일에 매우 적합하고, 두 성의 살기를 이용해서 이공계나 공예 등 기술 계통에도 적합해 그런 쪽으로 발달하는 경우도 많다.

또 수(囚) 안에 응축된 도화성향·예술성향이 칠살과 만나 개화하게 되므로 창곡과 도화성 등을 만나면 문예나 예술 분야에서도 두각을 나타낼 수 있다.

이 조합은 칠살이 있기 때문에 일생 한 차례 혹 그 이상의 타격이 있으며, 감정적인 좌절이 많으나 꼭 남녀간의 일만은 아니다.

이 조합은 살기가 첩첩하기 때문에 호흡기관이 약하며, 만약 홍란·천희를 보면 해수나 천식이 있기 쉽다. 이 조합은 형제궁 외에 다른 육친궁에서는 좋지 않다.

(22) 염정·천부

사 태음 xx	오 탐랑 ◎	미 거문 천동 ◎ xxxx	신 천상 무곡 ◎ △
진 천부 염정 ◎ ◎	자미가 자궁에 있을 때		유 태양 천량 △ X
묘			술 칠살
인 파군 xx	축	자 자미 △	해 천기 △

사 천기 △	오 자미 ◎	미	신 파군 xx
진 칠살 ○	자미가 오궁에 있을 때		유
묘 천량 태양 ◎ X			술 천부 염정 ◎ ◎
인 무곡 천상 ◎ X	축 거문 천동 ○ xx	자 탐랑 ◎	해 태음 ◎

진술궁에서 염정과 천부가 동궁한다.

고인은 이 조합에 대해 "갑·기년생이면 허리에 금띠를 차고 부유하게 된다, 갑생인이면 일품의 귀를 얻는다"라고 해서 부귀한 조합으로 보았다. 진술궁 염정·천부 조합 중에서, 태양이 묘왕지에 있는 술궁의 염정·천부 조합이 함지에 있는 진궁의 염정·천부 조합보다 좋다.

이 조합은 염정의 가두는 '囚'와 천부의 재물을 저장하는 창고, 즉 '府庫'의 성질 간에 통하는 바가 있으므로 염정의 조합 중 가장 안정된 성질을 가지고 있다.

그러나 이러한 안정적인 성질은 결국 수(囚)의 성질이 극대화 되는 것을 의미하므로, 염정이 가지고 있는 살(殺)의 성질은 약화되어 성계의 성질이 지나치게 보수적이고 조심스러운 경향으로 변해 개창력이 부족한 결점을 갖게 된다. 한마디로 안정을 희구하는 고대사회에서는 이상적인 조합이었겠지만 오늘날같이 변화와 변동이 많은 사회 속에서는 오히려 시대에 뒤떨어질 소지가 없지 않은 조합이다.

그래서 이 조합은 개창력의 상징인 칠살이 있는 대궁에 한두 개의 살이 동궁하거나, 칠살의 삼방에서 살을 보아 염정·천부의 성질에 격발력을 주는 것이 오히려 일찍 성취를 이루게 하는 원동력이 된다. 이러한 성질 때문에 이 조합은 사화를 보더라도 보수적인 성향을 더하는 염정화록보다는 행동력을 상징하는 무곡화록을 보는 것이 훨씬 좋은 것이다.

염정·천부 조합은 안정된 성질 탓에 행정이나 공무에 적합하며, 문창·문곡을 보면 학교나 교육기관에서 발달하는 경우가 많다. 술궁의 염정·천부가 화록·녹존을 보면 참신한 아이디어로 큰 사업을 일으키는 경우도 있다.

임상경험상 이 조합은 축미궁의 정살 조합처럼 살을 보면 노상매시(길에 시체가 묻힘)의 속성이 있으므로, 운에서 이러한 조합이 살과 질병성을 띠게 되면 사고나 질병으로 인한 수술 등에 극히 유의해야 한다.

이 조합은 특별한 경우가 아닌 한 성격이 보수적이며 이상적이므로 장사를 하는 격국이 아니며, 육친궁에서도 좋다. 복덕궁에서 타라를 보면 질질 끌거나 머뭇머뭇한다.

(23) 염정·파군

사	오 칠살미△ 자미○	미	신
진	천량기○○ 천상	자미가 사궁에 있을 때	유 파군정 xx△ 염정
묘	천상 xx		술
인	거문양○◎ 태양	축 탐랑곡◎◎ 무곡	자 태음동◎○ 천동 해 천부○

사	오 천부△	미 태음동 xxxx 천동	신 탐랑곡◎◎ 무곡 거문양◎X 태양
진		자미가 해궁에 있을 때	유 천상 xx
묘	파군정 ○X 염정		술 천량기○○ 천량
인	축	자	해 칠살미△○ 자미

묘유궁에서 염정과 파군이 동궁한다.

고인은 이 조합에 대해서 평가가 그리 좋지 않았는데, 예를 들어 "염정이 묘유궁에서 살이 더해지면 염치없는 공무원이 된다, 염정·파군이 화성과 함지에 거하면 물에 빠져 자살한다, 염정·파군을 천이궁에서 만나면 길에서 죽는다, 염정·파군이 사살을 보면 교예로 먹고 산다"고 했다.

집착과 억제를 상징하는 염정의 수(囚)와 파괴와 발산을 의미하는 파군이 만났기 때문에 이 조합은 불안정하며 변동과 변화가 많다. 그래서 화성·영성과 같은 성질이 급한 성과 동궁하면 두 성의 불안정한 경향이 더욱 불안해져 자살을 하거나 자충수를 두게 되고, 그러한 성격적인 경향 때문에 밖에서 사고를 당할 확률이 크며, 공직에 있더라도 변화를 꾀하다가 염치없는 공무원이 되는 것이다.

한편으로는 수(囚)로 가두어진 도화·예술 성향 등이 파군에 의해 해방되므로 살을 보면 여러 가지 손재주가 있게 되어 기술로 먹고살기도 한다.

이 조합은 염정의 감정이 파군에 의해 파괴되는 것이므로 감정적으로 불리함이 많은 조합이다. 경험에 의하면 여명의 경우는 결혼에 불리함이 매우 많았다. 특히 염정에 화기가 되거나 무곡에 화기가 되면 더욱 그런 확률이 높았다.

파군이 좌하기 때문에 의욕이 있으며 열정적이고, 천상의 영향으로 공익을 위하는 마음과 정의감이 있고 이상과 포부가 있어서 창업에 적합한 성향을 가지고 있으나, 단점으로는 인생이 지나치게 불안정하고 편안함을 누릴 수 없으며 일생 일을 벌이느라 노심노력하게 된다. 파군은 겸직·겸업·동업의 속성이 있는데다가 함지에 있으므로 이러한 성향을 더욱 더하게 되는 것이다.

이 조합이 록권과를 보고 길성을 보면 공직·교육·정치·법률 등에 종사하는 경우가 많고, 살을 보면 기술직이나 군인·경찰 등의 직업에서 성공하는 경우가 많다.
 이 조합이 육친궁에 들어가는 것은 좋지 않다.

(24) 염정·천상

사 거문△	오 천상◎ 염정○	미 천량	신 칠살◎
진 탐랑◎	자미가 인궁에 있을 때		유 천동△
묘 태음××			술 무곡◎
인 천부◎◎ 자미◎◎	축 천기××	자 파군◎	해 태양××

사 태양○	오 파군◎	미 천기××	신 천부△○ 자미△○
진 무곡◎	자미가 신궁에 있을 때		유 태음○
묘 천동◎			술 탐랑◎
인 칠살◎	축 천량◎	자 천상◎△ 염정◎△	해 거문○

자오궁에서 염정과 천상이 동궁한다.

고인은 이 조합에 경양이 동궁하면 '형수협인(刑囚夾印)' 이라 하여 곤장을 맞는다 했다.

염정은 품질(品秩)·위계질서의 성이며 천상은 인성(印星) 으로 약속·신용·책임감의 성이다. 이 두 성이 만나므로 성 격상 책임감이 강하고 감정이 풍부하며 처사에 신중하고 조 심스럽다.

보좌적인 성향의 천상 때문에 개창력이 강하지 못하므로 직장생활이나 전문업이 좋고 사업은 마땅치 않다.

둘 다 관록의 성이니 이 조합은 염정 조합 중에서 가장 공직에 적합한 성계. 정치에 종사하거나 공무원·교사·대기업 등에서 근무하는 경우가 많으며, 살을 보면 이공계로 나가기도 한다. 단 녹존이나 화록을 만나면 점진적으로 발달하여 조직 내에서 고위직에 오를 수 있다. 이 조합이 좋아서 사업을 하게 된다 해도 동업이나 주식회사·대리점·중개업 등을 운영하는데, 대궁의 파군 때문에 피동적으로 개창하게 된다.

염정화기가 되면 오궁 염정·천상은 경양과 동궁하고, 자궁 염정·천상은 경양·타라를 보게 되어 염정의 품질(品秩)·위계질서의 성향이 깨지게 되고 천상도 신용·신뢰가 금이 가게 되어 범법할 확률이 높으므로 고인이 형수협인이라 하여 곤장을 맞는다고 했는데, 실제로는 관재뿐만 아니라 횡발횡파하기 쉽고 부귀가 길지 않을 뿐만 아니라 여기에 도화성까지 보게 되면 사업이 성공할 때 주색에 빠져 이로 인해 망가짐을 초래하게 된다.

염정이 창곡을 만나면 자제력이 있고 예의를 좋아하며, 여기에다 녹존이나 화록을 보면 부자가 될 수 있다.

이 조합이 만약 사살·공겁·천형을 다 보면 예기치 않은 재난이 있는데, 신·방광·결석·담석·암 등으로 수술할 수 있고 일생 내장과 피부가 민감해서 질환이 있기 쉽다. 또 오궁의 염정·천상은 대궁 파군이 자궁에 있으므로 수액(水厄)이 있기 쉽다.

3부

명궁 외 11궁에 들어갔을 때의 14정성

명궁이 자궁이라면 시계반대 방향으로 형제궁, 부처궁, 자녀궁…… 부모궁 순으로 정해진다.

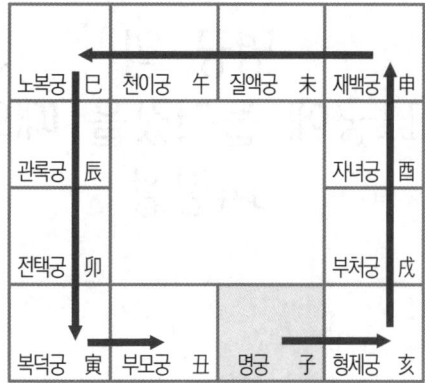

(1) 형제궁

형제자매와의 관계, 형제자매의 다소와 연분, 합작파트너, 친구와의 관계, 어머니(형제궁은 부모궁의 부처궁에 해당한다)에 대해 살펴볼 수 있다.

① **자미** - 자미가 형제궁에 있으면 자미의 성질을 그대로 형제궁에 대입해서 추론하면 된다. 14정성이 십이사항궁에 들어갈 때의 해석은 모두 이런 식으로 보면 된다. 가령 자미는 황제이므로 귀한 성질이 있기 때문에, 자미가 형제궁에 있으면 형제자매가 나의 귀인이 되어 도움을 준다는 식으로 추론할 수 있다. 가령 형제궁을 동업자나 파트너로 해석한다면, 파트너가 내게 황제처럼 굴 것이니 이런 경우는 종종 파트너에게 휘둘리기 쉽다고 통변할 수 있을 것이다.

이런 자미의 기본 성정에 파군이 더해지면 어떨까, 칠살과 만나면 어떨까 등 자미와 조합되는 성들의 관계도 똑같이 해석해 볼 수 있다. 가령 자미·탐랑은 도화범주라고 해서 도화조합의 성계인데, 도화성이 많이 비춘다면 '형제 중에 여자 형제가 많을 것이다' 하는 식으로 추론해 볼 수 있는 것이다. 단 보좌성이나 살성 등은 명궁에서 보는 것과는 다르게 해석하기도 하므로 주의해야 한다. 가령 형제궁에 자미가 좌보·우필을 보면, 형제의 조력보다는 형제 자신에게 조력이 있는 것이니 형제의 수가 많을 뿐이고 형제 자신에게만 좋으며, 문창·문곡을 보면 감정을 증가시킬 뿐 창곡이 가지고 있는 문장의 의미는 나와 하등 관계가 없게 되며, 기회나 발탁을 주관하는 천괴·천월을 봐야 내가 실제로 형제나 파트너에게 도움을 얻을 수 있다. 가령 동성(動星)인 천마를 본다면 형제가 각자 동분서주한다는 식으로 해석한다.

형제궁에 이런 길성이나 살성이 있을 때 모두 이렇게 해석하는 것이 아니라, 정성의 성질에 따라 좋아하고 싫어하는 길성과 흉성이 달라지고 의미도 달라지며 해석하는 요령도 달라진다. 또 같은 자미성이라도 형제궁이 아닌 자녀궁 등 다른 궁에 있을 때 보필을 보는 경우, 창곡을 보는 경우, 괴월을 보는 경우 등에 대한 의미와 해석이 달라질 수 있으므로, 자미두수를 심도 있게 공부하려면 각 성이 모든 궁에 있을 때의 공통적인 사항과 궁에 따라 달라지는 특별한 의미들에 주의할 필요가 있다.

그리고 체용에 대해서도 신경 써야 한다. 가령 자미가 형제궁에 있을 때 보좌길성에 록권과까지 다 본다면, 명궁에는 살성이 비추기 쉬우므로 명궁이 좋지 못하게 되는데 형제궁만 좋다고 좋아할 일이 아닌 것이다. 항상 십이사항궁의 중심은 명궁이라는 것을 명심하고 체와 용의 관계로 명궁 외의 기타 11개 사항궁을 살펴야 한다.

② **천기** - 형제가 적고 불화한다. 천기가 형제궁일 때 명궁에 자미가 있게 되는데 자미는 황제로 자아중심적이고 천기는 변동의 성으로, 천기의 변덕스러움이 황제의 자아를 충족시키지 못하므로 피차 음모가 있거나 각기 주견이 있다. 천마를 보면 이별한다. 천량·천형을 보면 소송이 일어나기 쉽다.

③ **태양** - 태양이 형제궁에 있으면 명궁은 자부염무상이나 살파랑 조합이 된다. 형제가 귀하게 되나 시비가 있기 쉽다. 그러나 입묘하면서 있으면 3인 이상, 태음과 동궁하면 5인 이상이다. 거문과 동궁하거나 혹 회조하고 길성이 있으면 형제 모두가 사업을 창립하고, 함지이면서 밤에 태어난 명은 형제와 다툼이 많으며 불화하고 의지하기 어렵다. 양타·화령·공겁·천형을 보면 형제가 형극이 있거나 혹은 형제

일로 인해서 의외의 상해를 입는다.

④ **무곡** - 태양이 명궁에 있으면 형제궁에 무곡이 있게 된다. 태양은 공익을 위해 분주한 성이므로 자연히 형제에 대해서는 정이 없는데 더욱이 무곡은 고독성이므로 형제와 불화하기 쉽고 정이 없다.

⑤ **천동** - 무곡이 명궁이면 형제궁에 천동이 있게 된다. 무곡은 과수성, 천동은 복성이다. 그래서 형제궁이 좋아도 형제만 좋을 뿐이지 무곡 본신에 대해서는 조력이 미약하다. 천동에 보필이 있어서 감정이 좋으면 그에 따른 부담을 받는 것도 커진다. 형제가 많아도 기쁨은 나누겠지만 고난은 나누기 쉽지 않아서 정작 필요할 때는 무력하다.

⑥ **염정** - 염정이 형제궁에 있으면 명궁은 기월동량이나 거일 조합이 있게 된다. 입묘하면 형제가 둘, 천상과 동궁해도 역시 둘, 좌보·우필·천부·창곡·괴월 등 길성을 만나면 다섯을 낳는데 그 중 셋만 남는다. 양타·화령·공겁·천형을 만나면 형극 또는 질병과 재난이 있거나 분거하고 불화한다.

⑦ **천부** - 태음이 명궁일 때 형제궁에 천부가 있게 된다. 천부는 저장해서 풍요로운 의미가 있기 때문에 형제가 많다. 태음도 주성이고 천부도 주성이기 때문에, 대인관계에서 주관이 뚜렷한 이들의 회합으로 인해 일을 처리하는 방식이나 견해가 다른 사람이 많다.

⑧ **태음** - 탐랑이 명궁에 있으면 형제궁에는 태음이 있게 된다. 탐랑은 활동력이 있는 성이고 주동적이며 태음은 조용하고 피동적인 성향이 있다. 따라서 합작하면 태음의 성향에 견제되어 염증을 내게 되므로 장기적인 합작이 불가능하다. 길화를 보면 형제가 부유하며 뛰어나다. 살을 보면 불화하고 분거한다.

⑨ **탐랑** - 명궁에 거문이 있을 때 형제궁에 탐랑이 자리한다. 명궁 거문이 대인관계에서 처음은 좋았다가 나중에 나쁘게 되는 이유는, 형제궁에 탐랑이 도화를 주관하여 주색 친구가 많아 이익을 탐하고 의리를 저버리는 친구를 만나는 경우가 많기 때문이다. 형제간의 정이 적으며 각기 동분서주하느라 모이기 쉽지 않다.

⑩ **거문** - 명궁에 천상이면 형제궁에 거문이 있게 된다. 거문은 암성으로 육친궁에 들어가면 대부분 시비가 있고 골육참상이 있다. 천상수명자는 형제의 재주나 성취에 의해 자신이 가려진다. 그래서 천상 명궁자는 다른 사람과 장기간 동업하지 말아야 한다. 동업자에게 가려지기 때문이다. 살과 화기를 보면 골육상쟁이 있기 쉽고 화목하지 못하다.

⑪ **천상** - 천량이 명궁에 있으면 형제궁에 천상이 있게 된다. 천량은 공평하고 관후하며 다른 사람 돕기를 잘하지만 단점으로는 독야청청하고 트집 잡는 성질이 있다. 명궁 천량의 성질이 좋으면 형제궁의 천상은 자기 주견이 없는 성이므로 형제나 대인관계가 이롭고, 명궁 천량의 성질이 나쁘면 형제궁의 천상도 자연히 영향을 받아서 대인관계가 좋지 않게 된다. 명궁 천량은 태양의 묘왕평한함에 의해 고극여부가 결정되고, 그 태양은 자연히 형제궁 천상에 영향을 주게 되므로 태양도 잘 살펴보아야 한다.

무곡·천상 또는 천상 상대 무파 조합은 형제와 불화한다.

⑫ **천량** - 명궁에 칠살이 있으면 형제궁에 천량이 있게 된다.

칠살도 형극의 성이고 천량도 형극의 성으로 피차 형극을 강화시키므로 장기간 동업 등에 부적합하다. 칠살 자신이 번뇌와 곤란을 겪고 있어 해결하기 어려울 때, 형제궁 천량의 봉흉화길하는 역량이 발휘되어 형제나 친구의 암중조력을 받을 수 있으나, 자칫 형제간에 분쟁과 오해가 생기기 쉽다.

⑬ **칠살** - 칠살이 형제궁에 있으면 명궁은 기월동량이나 거일 조합이 있게 된다. 입묘하면서 녹·권·과 보필을 만나면 형제가 많으나 형극이 있다. 염정과 동궁하면 형제와 화목하고 조력이 많다. 만약 살성·화기를 보면 사고·질병·형극·이별 등이 있기 쉽고 형제간의 조력이 적다.

⑭ **파군** - 파군이 형제궁에 있으면 명궁에는 기월동량이나 거일 조합이 있게 된다. 형제가 떨어져 살거나 형극한다. 본인은 항상 장남, 장녀의 위치에 있게 되는데 혹 둘째·셋째라 하더라도 여러 가지 상황으로 인하여 장남 노릇을 하게 된다. 보필·문창·문곡·괴월이 동궁 또는 회조하면 형제를 의지할 만하다.

(2) 부처궁

배우자나 이성의 유형, 얼굴 형태, 체형, 배우자와의 관계와 감정적인 성향 등을 살펴볼 수 있다.

① **자미** - 황제성인 자미가 배우자궁에 있으니 배우자가 본인을 컨트롤하고 지배하려는 경향이 있어서 여명은 좋고 남명은 불리하다. 감정에 불리한 살파랑과 조합되는 것을 싫어한다.

추론 요령은 위의 형제궁에서처럼 자미의 모든 성향을 그대로 부처궁에 응용해서 추론하면 된다. 예를 들어 부처궁에 자미가 무도지군이라면 폭력적인 배우자를 얻는다는 식으로 응용해볼 수 있다. 자미가 다른 성과 조합되어 있을 때도 기본적인 성질을 염두에 두고 추론하면 된다. 가령 자미·파군 조합은 본래 반역성과 창조성이 강한 조합이므로 이런 조합이 부처궁에 있다면 '부인이 고분고분하지 않고 반항적이다, 무미건조한 것을 싫어한다'는 등으로 추론해 볼 수 있다. 조합이 좋다면 부인이 사업을 하거나 직장생활을 하는 사람으로 추론할 수 있다.

단, 부처궁·자녀궁·부모궁·형제궁 등의 육친궁에서는 보좌성이나 살성 등이 명궁에 있을 때와 조금 다른 의미를 가지는데, 특히 부처궁에서는 보좌성이 짝성이 아닌 단성(가령 보필이라면 좌보나 우필 하나만 보는 것)으로 보게 되면 삼자 개입 등 불리한 암시가 있으니 주의해야 한다. 살성은 명궁에서 판단할 때처럼 흉하게 보면 큰 대과가 없으나, 화성·영성은 육친 분리의 뜻이 강하니, 만나게 되면 다른 살성들보다 특히 민감하게 반응하여 심하면 육친과 사별하고 가벼우면 떨어지게 되거나 감정적으로 원만하지 못하게 되는 작용을 한다.

② **천기** - 부처궁에 천기가 있으면 명궁은 기월동량이나 거일성계가 있게 된다. 나이 적은 배우자가 좋고 반드시 3세 이상 차이가 있어야 한다. 성정이 기교가 있으며 가정살림을 잘 돌본다.

태음을 만나면 아름답고 내조가 있는 처를 얻고, 천량을 만나면 오히려 나이 많은 배우자가 좋다. 살을 보면 친가(親家)와 불화하기 쉽다.

③ **태양** - 천기가 명궁이면 부처궁에 태양이 있게 된다. 천기는 기변의 성이고 태양은 베푸는 성이므로, 태양이 부처궁에 있으면 대체로 배우자가 전심으로 본인을 위한다. 그러나 천기는 이기적인 성향이 있고 태양은 베푸는 성향이 있으므로 시비가 있기 쉬우며, 경양·타라를 보면 처음은 뜨거웠다가 나중엔 식는다. 함지에 있고 화기를 보면 처가 의심이 많고 재병(災病)이 있다.

④ **무곡** - 부처궁에 무곡이 있으면 명궁은 살파랑이나 자부염무상 조합이 된다.
무곡이 부처궁에 있으면 형극·생리·재혼한다. 입묘해도 만혼해야 면할 수 있다. 나이가 같으면 좋다. 입묘하고 길성과 창곡 화과를 만나면 처자가 현숙하다. 녹존·천마가 있으면 처로 인해 재를 얻으나 흉하면 처로 인해 파재한다. 천요성을 만나면 자연스럽게 만나 자유연애를 하는 것이 좋고, 중매결혼하면 후회가 있고 극하지 않으면 헤어진다.

⑤ **천동** - 태양이 명궁에 있으면 부처궁에 천동이 있게 된다. 천동은 봉흉화길의 성이자 아이의 성이고 태양은 바깥 일에 관심이 많은 성이므로 나이 차이가 적으면 태양의 성

향 때문에 불화가 생기기 쉬운 까닭에 배우자와 나이 차이가 있거나 늦게 결혼해야 한다. 삼자 개입이 있기 쉽다.

⑥ **염정** - 부처궁에 염정이 있으면 명궁은 자부염무상 조합이나 살파랑 조합이 있게 된다. 길성의 도움이 있고 천부를 만나면 배우자의 성정이 강해야 극을 면한다. 길성이 없으면 분거하거나 이혼한다. 화기성이 되면 이혼한 후 재혼한다. 낙함하면 세 번 결혼할 명이다.
파군·칠살을 만나도 역시 이혼·불화하거나 아니면 형극한다. 양타·화령·천형을 보면 형극하거나 혹 남녀의 일로 송사나 쟁투가 발생한다.

⑦ **천부** - 탐랑이 명궁에 있으면 부처궁에 천부가 있게 된다. 탐랑은 활발한 성이고 천부는 보수적인 성인데, 명궁 탐랑의 입장에서는 배우자와의 감정이 냉담하고 평범한 것을 좋아하지 않는다. 그래서 명궁 탐랑 또는 부처궁 천부가 함지가 되면서 살성을 보게 되면 본처를 멸시하고 첩을 사랑한다.

⑧ **태음** - 명궁에 거문이 있으면 부처궁에 태음이 있다.

거문은 다른 성을 어둡게 가리는 성이고 태음은 장(藏)을 주관하는 성질이 있기 때문에 배우자가 이성의 주목을 받기 쉽다. 즉 남편이 배우자의 장점을 보지 못하니 타인이 태음의 내재적인 아름다움에 관심을 갖게 되는 것이다.

남명은 어린 처를 얻고 여자는 남편의 나이가 많으며 일찍 결혼한다. 남명이 태음에 문창·문곡을 보면 처로 인해 귀하게 되거나 젊어서 아름다운 처를 얻는다.

⑨ **탐랑** - 명궁에 천상이 있을 때 부처궁에 탐랑이 있게 된다. 탐랑은 변화의 성이므로 처음 만날 때는 불같이 사랑해서 결혼했다가 결혼 후에 감정이 식기 쉽다. 탐랑은 도화성이기 때문에 배우자가 본인에게 다채로운 애정을 요구하나, 천상은 항상심(恒常心)이 있는 성이라 그렇지 못하므로 배우자가 바람피우기 쉽다. 살을 보면 여러 번 혼인하기 쉬우며 남모르는 고충이 있기 쉽다.

⑩ **거문** - 명궁에 천량이 있으면 부처궁에 거문이 있게 된다. 거문이 육친궁에 있으면 악성이다. 시비가 많고 관계가 좋지 못하게 된다. 천량은 고극의 성이고 거문은 암성이므로 타향사람과 결혼하는 것이 좋으며, 또래가 아니라 나이

차이가 많은 사람과 결혼하는 것이 좋다. 명궁 천량과 거문 모두 태양의 묘왕함지에 의해 형극의 여부가 결정되므로 태양의 향배에 주의해야 한다. 일반적으로 거문이 부처궁에 있으면 시비구설이 많다.

⑪ **천상** - 칠살이 명궁에 있으면 부처궁에 천상이 있게 된다. 명궁 칠살이 천수를 만나면 대부분 동창·친구 등 주위 사람과 부부가 되는데, 그것은 부처궁 천상의 성질이 그러하기 때문이다. 칠살은 고독의 성인데, 천상이 형기협이 되면 더욱 고독해진다.
처가 현숙하며 가까운 사람과 결혼하기 쉽다. 무곡성과 조합되면 형극분리하기 쉽다.

⑫ **천량** - 부처궁에 천량이 있으면 명궁에는 기월동량과 일일 조합이 있게 된다.
천량은 노인성이므로 나이 많은 배우자를 취하기 쉽다. 천수를 보면 더욱 나이 차이가 많게 된다. 봉흉화길의 본성 때문에 결혼 전에 연애 좌절이 있다.
만약 파절이 없는 상태에서 결혼하면 일정기간 동안 떨어져 지내기 쉽다. 사해궁은 천량의 함지가 되므로 재혼하는 경우가 많다.

⑬ **칠살** – 칠살이 부처궁에 들어가면 명궁에는 살파랑이나 자부염무상 조합이 있게 된다. 주로 외지인과 결혼하는 뜻이 있다.

남녀 모두 주로 표면적으로만 화목하고 내심은 불만이 있어 정은 있으나 인연이 박하다. 여명은 주로 남편을 성공하게 하고 또 책임감이 중하다.

칠살이 처궁에서 입묘하고 록·권·과가 회조하면 총명하고 능력 있는 처를 얻으나, 결혼 전에 장애와 곡절이 많다. 파괴하고 연기하다가 비로소 합한다.

양타·화령·천형·공겁이 회조하면 부인을 세 번 얻는다.

⑭ **파군** – 명궁에 천부가 있으면 부처궁에 파군이 있게 된다.

천부는 보수적이고 수성의 의미가 있고 파군은 개창 또는 반역의 의미가 있어 성질상 반대가 되기 때문에, 파군이 부처궁에 있으면 부처 간에 나이 차이가 많으며 혼인에 곡절이 있고 배우자와의 집안환경 차이도 크다.

(3) 자녀궁

자식, 심복과 같은 부하, 제자의 다소와 연분의 유무, 자신의 성적인 능력 등을 살펴볼 수 있다.

① **자미** - 자녀궁에 자미가 있어도 역시 자미의 본성을 그대로 응용할 수 있다. 자녀궁은 또 부하나 후배 또는 문하생을 의미하는 궁이기도 하니 그들과의 관계도 똑같이 판단할 수 있다.

일단 황제성이 자녀궁에 있으면 자녀를 황제처럼 모셔야 하니 자녀를 마음대로 하기가 쉽지 않을 것이고, 자식과 같은 아랫사람인 경우도 내가 부리기 쉽지 않을 것이다. 조합이 좋지 않다면 말썽만 피우고 이기적인 자녀가 되나 내가 어떻게 해볼 수 없게 된다. 그러나 조합이 좋다면 나보다 훨씬 성취가 뛰어난 자녀를 두게 된다고 추론할 수 있다. 또 자미는 진중하고 노숙하므로 자녀궁에 자미가 있으면 늦게 자녀를 둘수록 좋다.

다른 성과 조합될 때도 궁의 의미와 연결 지어 해석하면 된다. 가령 자미가 파군을 본다면 자파는 원래 반항적인 조합이므로 자녀와 불화하거나 자녀가 반항적이기 쉽다. 창곡·화과와 같은 문성을 보면 자녀가 총명해진다.

형제궁에서와는 달리 자녀궁에서 자미가 보필을 보면 내가 자녀나 후배의 조력을 입을 수 있다. 괴월을 보면 귀한 자녀가 있으나 내가 자녀로부터 기회를 입거나 하는 의미는 없다.

화록을 보면 자녀가 재물에 대한 능력이 커지고, 화권이 되면 자녀가 권력을 쥐거나 사회지위가 있으며, 화과가 되면 자녀가 학술적인 성취를 볼 수 있으나 내가 그 도움을 받는 것은 일정하지 않다.

② **천기** - 자녀궁에 천기가 있으면 명궁에는 자부염무상 성계 또는 살파랑 성계가 있게 된다.

자녀가 적고 불화하기 쉬우며 천기화기면 요절하기 쉽다.

천기가 자녀궁에 있으면 비단 자녀가 적고 늦게 얻는 것 외에, 아랫사람이나 자기를 따르는 후배도 적거나 항상 바뀌어 관계가 꾸준치 않다.

천기가 천량과 동궁하거나 상대하는 경우 약간의 살을 봐도 유산이 잦거나 자녀의 수가 적다.

③ **태양** - 자녀궁에 태양이 있으면 명궁에 자미가 있게 된다. 태양도 주성의 하나이므로 자녀가 두각을 나타내기 쉬우며 총명하다. 태양은 베풀고 받지 않는 성이기 때문에 명궁 자미 입장에서 자녀궁 태양에 신경을 많이 쓰게 된다. 자미는 황제로 지배하려는 경향이 있고 태양은 발산하고 흩어지는 성이므로 자녀나 후배가 발전하면 필히 독립하고 분가하기 때문에 태양이 자녀궁에 있으면 자녀나 후배에게 전권을 주고 막후에서 감찰하는 것이 좋다. 화록이면 장자에 이롭고 화기면 장자에 불리하다.

④ **무곡** - 명궁에 천기가 있으면 자녀궁에 무곡이 있다. 천기는 살을 꺼리는 성이고 무곡은 과수성이므로 무곡이 살을 보면 유산하거나 심하면 자식이 없다.

⑤ **천동** - 자녀궁에 천동이 있으면 명궁은 살파랑이나 자부염무상 조합이 있게 된다. 자녀와 감정이 좋으나, 녹을 중복하여 보게 되면 게으르고 일을 싫어하는 자녀를 두기 쉬우며, 동월이나 동량 성계에 영성을 보면 정신박약아를 두기 쉽다.
천동이 입묘하고 자녀궁에 있으면 다섯 자녀 이상으로, 처

음에 딸을 낳는 것이 좋다. 태음이 동궁하면 딸이 많고 아들은 적다.

⑥ **염정** - 명궁에 천동이 있으면 자녀궁에 염정이 오게 된다. 천동은 수성(水星), 염정은 화성(火星)으로 완벽한 음양조합이 되어 자녀와 감정이 돈독하다. 천동은 감정이 풍부한 성이고 염정은 혈연과 감정에 집착이 많은 성이니 피차 감정이 돈독한 것이다.

그래서 천동 좌명자는 자녀에게 너무 빠져들며 사랑하기 때문에 자녀가 적은 것이 좋으며, 많으면 명조 자신이 너무 피곤해진다.

⑦ **천부** - 명궁에 거문이 있으면 자녀궁에 천부가 있다. 거문은 암성이고 천부는 곳간〈府庫〉이 되므로 거문의 어두운 기운을 천부가 수렴한다. 그래서 천부가 공고·로고가 아니면서 녹을 만나면 자녀에 귀기가 있고 남아를 많이 낳으나, 공망에 떨어지면 고립된다.

⑧ **태음** - 명궁에 천상이 있으면 자녀궁엔 태음이 있게 된다. 태음이 자녀궁에서 함지에 있으면 태양도 함지가 되고,

태양이 함지가 되면 태양에 영향을 받는 거문과 천량 등도 함지가 되기 쉬워서 명궁 천상의 양 협궁이 힘이 약할 가능성이 크므로 배우자와 이혼하거나 혼인에 문제가 있기 쉬운 암시가 있다. 화성·영성이 비추면 더욱 그렇다.

또 태음이 여성을 뜻하므로 태음의 상황이 좋으면 자녀 중에서 아들보다 딸이 잘되는 암시가 있으니, 자녀궁 태음은 상황이 어지간히 좋지 않으면 아들이 잘된다고 하기에 곤란한 점이 있다. 홍란·천희 등 도화성을 보면 딸이 많고 아들이 적다.

⑨ **탐랑** - 천량이 명궁에 있으면 자녀궁에 탐랑이 있다. 천량은 음덕의 성이고 탐랑은 물욕의 성이다. 탐랑이 공망성을 보면 자녀와 후배가 아량 있는 사람이다. 만약 탐랑이 도화성을 많이 보면 자녀나 후배가 물질에 대한 집착과 자기 멋대로 하려는 성질이 있다.

탐랑이 도화성을 보면 본처에서는 아들이 없고 첩에게서 아들을 보는데, 명궁의 천량은 청고한 속성이 있으나 녹을 보면 원칙적인 성향이 변질되므로, 성적 능력을 상징하는 자녀궁의 속성에 따라 배우자에 대한 정조를 배반하기 쉬워 외방에서 자손을 둘 수 있는 여지가 생기기 때문이다.

자녀의 성격이 모험을 좋아하며 자극과 요행을 바라는 경향이 있다.

⑩ **거문** - 명궁에 칠살이 수명하면 자녀궁에 거문이 있게 된다. 거문은 악성으로 육친궁에서 있으면 처음에 좋았다가 나중에 나빠지는 성질이 있다. 명궁 칠살이 고독성이므로 이 초선종악(初善終惡)의 성향은 장자를 잃는 암시로 나타난다. 명궁 칠살은 형제궁 천량의 고극의 성, 부처궁 천상의 고독성, 자녀궁 거문 초선종악(初善終惡)의 성 등이 있어 자연적으로 고독할 수밖에 없다. 그래서 칠살이 수명할 때 화성·영성·경양·타라를 대운·유년에서 육친궁에서 보면 해당궁의 육친에게 형극이 있게 된다.
길화·길성을 보고 태양이 묘왕지에 있으면 총명하고 준수하나 그렇지 않으면 형극하여 홀로 된다.

⑪ **천상** - 자녀궁에 천상이 있으면 명궁은 기월동량이나 거일 성계가 있게 된다. 록·권·과나 녹존·보필·괴월과 천부가 회조하면 자녀가 많으며 인자하고 효순(孝順)하다. 자미와 동궁하면 뜻이 높고 고집이 센 자식을 얻으며 셋 이상을 둔다. 염정과 동궁하면 둘이며 무곡과 동궁해도 역시 둘이다.

무파와 공조하면 형극한다. 늦게 얻는 것이 좋으며 먼저 딸을 낳고 아들을 그 다음에 보는 것이 좋다.

⑫ **천량** - 천량이 자녀궁에 있으면 명궁에는 살파랑과 자부염무상 조합이 있게 된다. 입묘하고 좌보·우필·록·권·과·천무·은광·문창·문곡·천괴·천월 등을 보면 자녀의 용모가 아름답고 총명다재하며 부귀하며 다섯 이상이다.

천동이 동궁하면 먼저 딸을 낳고 후에 아들을 낳는 것이 좋으며, 세 명을 낳는다. 천기와 동궁하면 유산하거나 미숙아가 우려되나, 자식은 둘이다.

화기가 회조하면 자녀에 병이 많다. 경양·타라·화성·영성이 회조하면 형극이 있다.

⑬ **칠살** - 칠살이 자녀궁에 있으면 명궁에는 기월동량이나 거일 조합이 있게 된다. 입묘하고 보필·괴월·창곡을 만나면 자녀가 부귀하다. 단 먼저 딸을 보고 나중에 아들을 보거나 혹은 아주 늦게 아들을 얻는 것이 좋다.

양타·화령이 회조하면 형극하거나 자식의 힘을 얻지 못한다. 화기가 회조하고 살이 적으면 자녀가 병이 많고, 공겁이 회조하면 자녀 때문에 재산을 잃는다.

⑭ **파군** - 태음이 수명하면 자녀궁에 파군이 있게 된다. 태음은 태양빛을 수렴하는 성질 때문에 모종의 저장과 수렴의 본질이 있는 데 반해 파군은 파구창신 경향이 있다. 태음 수명자는 자녀대나 손자대에 가서 유업이나 유산을 없애기 쉽다. 파군의 성질 때문에 자녀궁에서는 낙태하기 쉽고, 먼저 딸을 낳고 아들을 낳는다.

(4) 재백궁

돈을 다루는 능력의 우열, 물질생활의 풍요와 곤궁, 재백의 강약, 순역, 돈에 대한 태도, 어떤 성질의 일로 돈을 버는가, 유동자산, 현금 등을 살펴볼 수 있다.

① **자미** - 재백궁에서도 자미의 성질을 그대로 응용해서 추론한다. 자미는 본래 황제성으로 명예와 권력의 의미가 있는 성이므로, 아무리 조합이 좋다 해도 무곡·태음·천부와 같은 재성이 재백궁에 있을 때와는 돈을 버는 크기나 규모 등에 차이가 난다.

재백궁에 딱히 어울리는 성이 아니라서 조합이 조금만 부실해도 외화내빈(밖으로는 화려하나 속은 빈궁함)할 소지가 있으며, 모으기가 쉽지 않다.

이처럼 어느 궁을 파악할 때 단순히 성의 속성이 좋다 나쁘다는 것뿐만 아니라, 그 속성이 십이사항궁과 성질상 조합이 되느냐의 여부가 매우 중요하므로 다른 성들도 이런 예에 준해서 판단하면 된다.

재백궁을 볼 때 주의할 것은 흔히 명·신궁의 성향은 도외시하고 재백궁만을 따로 떼어서 돈을 버느니 마느니 하는데, 이것은 잘못된 관점이다. 반드시 명·신궁의 상황을 체로 놓고 재백궁을 용으로 봐야 한다. 모든 십이사항궁을 이렇게 보지만 특히 재백궁·관록궁 등을 볼 때는 더욱 이러한 관점을 가지는 것이 중요하다.

가령 자미·파군이 재백궁에 있으면 의외의 돈을 번다는 의미가 있는데, 이것은 자파의 속성이 혁신의 의미를 가지고 있어서도 그렇겠지만, 자파가 재백궁에 있으면 명궁은 염정·탐랑이 되어 기본적으로 횡발횡파의 속성이 있기 때문에 그런 의미를 가지는 것이다.

또 자미·칠살이 재백궁에 있어도 횡발의 의미가 있는데, 자미·칠살이 재백궁에 있으면 명궁은 염정·파군이 되어 파격적인 투자를 할 수 있는 성향이 있는 데다가, 관록궁에서 선빈후부하는 암시를 가진 무곡·탐랑 성계의 영향을 받으므로 큰돈을 벌려는 기도심이 자리하게 되어 운이 맞으면 횡발이 가능하게 되는 것이다.

재백궁에서 길성이나 살성을 볼 때의 의미는 다른 궁과 또 다른 측면이 있다. 가령 자미가 재백궁에서 보필을 보면 돈이 다방면에서 들어온다는 의미가 있다. 살성 중 양타·화령

등은 흔히 격발이나 횡발의 암시가 있는 경우가 많다. 그러나 지겁·지공은 재백궁에서만큼은 치명적이어서 또 다른 손재의 잡성인 대모와 같이 만나면 돈을 모으기 쉽지 않으나 다만 학자나 연구가·종교가 등에게는 크게 흉하지 않고 오히려 창조력·발상이나 발명의 능력·이상적인 성향으로 돈을 버는 의미 등으로 전화(轉化)된다.

② **천기** - 천기가 재백궁에 있으면 명궁은 기월동량 또는 거일 성계가 자리한다.

록마를 보면 의식이 족하다. 유동성이 크며 재래재거(財來財去)하여 돈 모으기 쉽지 않다. 돈을 계획과 관련한 것으로 번다.

함지면 애를 많이 쓰고 변화가 많다. 만약 거문이 회조하면 반드시 정신을 과도히 써서 상하고 욕을 먹으며 경쟁과 암투가 많고, 매사에 있어서 진행이 없을 때는 타인들이 전혀 주의를 기울이지 않다가 일단 진행하여 취하려 하면 타인들이 벌떼처럼 와서 뺏으려고 하므로 정력을 많이 소비한다.

③ **태양** - 태양이 재백궁에 있으면 명궁은 기월동량이나 거일 성계가 된다. 입묘하고 낮생인이면 재원(財源)이 풍족하

다. 함지에 있으면 돈 모으기가 쉽지 않고 물심양면으로 고생하게 된다.

태양은 사방을 고루 비추므로 선을 좋아하고 베풀기를 즐겨하기 때문에 가족·친구나 주위사람들에게 돈 지출이 많다. 록마를 보면 큰 부자가 된다.

④ **무곡** - 무곡이 재백궁에 있으면 명궁에 자미가 있게 된다. 무곡은 행동으로 돈을 버는 성질이 있고 자미는 황제로서 체면 유지를 하려는 성인데, 무곡의 긴 생각이 부족하다는 단점 때문에 명궁 자미는 재백궁 무곡의 영향 때문에 노력한 것에 비해 미미한 소득을 얻는다든지, 관록궁 염정의 영향 때문에 감정적으로 재를 지출하는 경향이 있다. 무곡은 금속·금융과 관계된 업을 통해 돈을 벌며 재권을 쥔다. 화령을 보면 갑자기 부자가 되나 자수성가하며 패하기도 쉽다.

⑤ **천동** - 천기가 명궁에 있으면 재백궁에는 천동이 있게 된다. 천동은 천진난만한 성이므로 천기가 수명하는 명은 돈에 대한 태도가 단순해서 돈에 집착하거나 자족한다. 천동의 성향으로 인해 누리는 의미가 있는 업종이나 오락 성향

의 업으로 돈을 벌기 쉽다.

⑥ **염정** - 무곡이 명궁이면 재백궁에는 염정이 있게 된다. 염정은 정신적인 만족을 중시하는 성이기 때문에 염정이 재백궁에 있으면 꼭 물질적인 보답보다는 정신적인 만족을 더 바란다. 이는 명궁 무곡이 긴 생각이 부족한 성이며 행동의 성이라, 지나치게 맡은바 일에 열심일 뿐 보수나 벌어들이는 돈이 합리적인가에 대한 생각은 간과하기 쉽다. 그래서 염정이 재백궁에 있으면 재래재거(財來財去)하기 쉽다.
염정은 교제수완이 있는 성이면서 도화성이므로 수단이나 예술로 돈을 번다. 살성이나 화기를 보면 감정문제로 파재하기 쉽다.

⑦ **천부** - 천상이 수명하면 재백궁에 천부가 있게 된다.
천상도 이인자의 속성이 있는 데다가 천부도 보수적이므로 독자적인 창업이나 개업 등은 좋지 않다. 이미 있는 재물을 지키는 것에 이롭다.

⑧ **태음** - 천량이 명궁에 있으면 재백궁에는 태음이 있게 된다.

천량은 감찰·감독의 성이고 태음은 재성이므로, 천량의 상황이 좋으면 재를 잘 관리하여 부자가 될 수 있으나 천량의 상황이 나쁘면 시비와 분란·파재만 생기게 된다.

태음이 경양·타라를 보면 파재하고, 화성·영성을 보면 분란이 생긴다.

⑨ **탐랑** - 칠살이 명궁에 있으면 재백궁에 탐랑이 있게 된다. 칠살은 장군의 성이며 개창력이 강한 성이고 탐랑은 물욕이 강한 성이므로 재백궁에 탐랑이 있으면 재적인 강력한 기도심이 있게 된다. 탐랑이 화령을 보면 횡발한다. 칠살의 저돌적인 성향이 탐랑의 요행심리와 겹쳐 투기와 모험을 즐긴다. 탐랑이 살과 도화성을 보면 색으로 인해 파재한다.

⑩ **거문** - 거문이 재백궁에 있으면 명궁에는 기월동량이나 거일 성계가 있게 된다.

거문이 재백궁에 있으면 걱정스럽게 애쓰며 머리(두뇌)와 말재주로 돈을 버는데, 능히 빈손으로 창업할 수 있다. 화권·화록·녹존이 동궁하면 재산이 많다. 가장 꺼리는 것은 뜻이 높다고 방자하게 굴거나 지나치게 재주를 뽐내어 남을 강박하는 것으로, 반드시 사람들로부터 궁지에 몰릴 뿐 아니라 큰 곤란을 만나고 따돌림 당한다. 혹은 그 자녀로 인해 파모가 있다.

⑪ **천상** - 천상이 재백궁에 있으면 명궁에는 자부염무상이나 살파랑 조합이 있게 된다.
천상이 천부를 만나고 화록이나 녹존 등의 길성이 회조하면 재원이 풍족하며 저축할 수 있으며, 함지에 거하더라도 자수성가할 수 있다. 염정과 동궁할 때 상업에 종사하면 재력이나 수단이 있어 반드시 발달할 수 있다. 무파가 공조하면 재에 득실이 잦고 성패가 빠르다. 혹은 먼저 조업을 까먹은 다음에 성공한다.

⑫ **천량** - 천량이 재백궁에 있으면 명궁에는 기월동량이나 거일 조합이 있게 된다. 천량이 재백궁에 입묘하고 태음 화록·천무·녹존·태음을 보면 부자가 되거나 유산을 받거나 다른 것으로 재산을 이룬다.
만약 화기를 만나면 재로 인해 구설·분란·시비가 많거나 재로 인해 정신적으로 고통을 당한다. 양타·화령·공겁·대모·천형이 회조하면 파산하고 집이 기운다.

⑬ **칠살** - 파군이 명궁에 있으면 재백궁에 칠살이 있게 된다. 파군은 선봉대장·돌격대장이고 칠살은 고극에 독립적인 성향이 강한 성이므로 돈을 운용함에 있어 누구의 지배나 영향을 받지 않고 소신껏 쓰고 벌며, 고독한 성향 때문에 다른 사람에게 돈을 꾸려는 생각도 잘 안 한다.
록·권·과를 보면 의외의 재를 얻으며 부자가 된다.

⑭ **파군** - 탐랑이 명궁에 있으면 재백궁에 파군이 있게 된다. 탐랑은 기본적으로 호기를 부리는 성이고, 파군은 모성으로 크게 쓰고 크게 버는 성향이 있으므로, 자기가 써야 한다고 생각하면 아무리 큰돈이라도 아끼지 않는 성향이 있다. 이러한 성향 때문에 겸직하면서 다방면으로 돈을 벌 수 있으나 돈을 모으기 어렵다.

(5) 질액궁

체질의 좋고 나쁨, 질병, 재액의 유무, 건강 상황 등을 본다.

① **자미** - 자미가 질액궁에 있을 때의 의미를 알기 전에 자미두수에서 질액궁의 효용성부터 따져 봐야 한다.

질액궁에 살이 하나도 없고 육길성에 록권과를 다 봐도 신체장애인이 있고, 질액궁에 육살성이 다 비춰도 건강하게 사는 사람이 있다. 요는 질액궁만으로 질액의 여부를 판단할 수 없다는 것이다. 대만의 자운 선생은 아예 질병을 보는 것은 질액궁을 무시하고 십이사항궁 어느 궁이든지 살이 가장 많이 비추는 궁에 초점을 맞춰서 질병여부를 판단한다. 필자의 경험으로는 질병여부는 반드시 명·신궁을 가장 우선적으로 고려해야 한다고 본다. 질액궁과는 상관없이 명·신궁에서 살을 많이 보고 질병성을 보면 필히 신체적인 질병이나 사고 등으로 인해서 몸에 문제가 있게 된다.

그러나 운에서는 질액궁이 의미가 있다. 운에서 운의 화록과 화기에 의해 질액궁과 身宮, 질병성이 인동되면 질병이 발생하게 되므로 운에서는 질액궁을 무시해서는 안 된다. 질액궁에 어떤 성이 있을 때의 의미를 알기 위해서는 성의 본래 속성과 함께 성이 가지고 있는 오행이 무엇인가에 유의해야 한다. 자미두수에서 오행의 생극제화를 봐야 할 유일한 궁이 질액궁이다. 가령 자미는 오행으로 토성이므로 위장과 관련된 질환이 있을 암시가 있다. 또 자미·탐랑은 도화범주의 조합이므로 이런 조합에 도화성과 살성을 본다면 자궁이나 성 기관 신장 등에 문제가 있거나 과도한 성생활로 말미암은 질환 등이 있다고 판단한다. 어떤 정성과 동궁하든지간에 경양·천형 등은 수술의 의미를 띤다.

② **천기** – 염정이 명궁에 있으면 질액궁에 천기가 있게 된다. 염정은 정신을 중히 여기는 성이므로 질액궁의 천기도 정신성을 띤다. 그래서 질액궁 천기는 신경과민, 신경쇠약, 불면증, 내분비 실조 등으로 병변이 나타난다.

③ **태양** – 태양이 질액궁에 있으면 명궁은 자부염무상이나 살파랑 조합이 있게 된다. 혈압이 높고 머리가 흐릿하며 두 눈이 침침하거나 눈에 핏발이 선다. 두통이 있거나 대장·심장 등에 병변이 있을 수 있다.

양타·화기를 보면 눈을 상하거나 근시 혹 난시가 되고 눈이 맑지 못하며 중풍을 앓기 쉽다.

④ **무곡** - 무곡이 질액궁에 있으면 명궁은 기월동량 성계가 된다. 호흡기계통의 병변을 주한다. 금속으로 상할 수 있다. 천마·화성을 만나면 해수·폐병·천식 혹은 코피가 나거나 가슴이 답답하고 맺히기 쉽다. 양타·화령·천형·공겁을 만나면 일생 재앙이 많거나 병으로 수술한다. 무파조합은 치아나 치주염이 있다.

⑤ **천동** - 천동이 질액궁에 있으면 자미가 명궁에 있게 된다. 자미의 상황이 좋으면 질병이 있더라도 쉽게 해액된다. 천동이 질액궁에서는 신·방광·허리·다리 등에 병변이 있기 쉽다.

⑥ **염정** - 염정이 질액궁에 있으면 명궁에 태양이 있게 된다. 염정은 피를 의미하고 민감한 성이기 때문에 태양이 질액궁에 있으면 고혈압이나 피와 관계된 질환이 있기 쉽다. 도화성이 더해지면 생식기계통의 질병이 있다. 천마와 천월이 더해지면 유행성 독감에 걸리기 쉽다.

⑦ **천부** - 천량이 명궁에 있으면 질액궁에 천부가 있게 된다. 천부는 양토이기 때문에 대부분 위장 계통이나 피부의 병변이 있기 쉽다. 천량은 기본적으로 형극(刑剋)의 속성이 있으므로 질병에서도 무정(無情)하게 형극(刑剋)하는 속성이 있다. 예컨대 담·대장·위 등을 무정하게 절제한다든지 하는 일이 있다.

⑧ **태음** - 칠살이 명궁에 있으면 질액궁에는 태음성이 있게 된다. 칠살이 명궁에 있을 때 창곡을 보면 질액궁에서 겁공을 본다. 칠살이 창곡을 보면 문쪽도 아니고 무쪽도 아닌 경향을 띄는데, 질액궁에서 겁공을 보므로 정서상의 평형을 잃어 흔하지 않은 질병을 앓거나 심하면 정신병을 앓기도 한다.

태음이 입묘할수록 칠살수명자는 병에 걸리기 쉽지 않으나, 일단 병에 걸리면 근본치료가 쉽지 않고 몇 년씩 끌게 된다. 또한 태음은 수성(水星)으로 눈 또는 신장이나 방광계통이 병변이 있기 쉽다.

⑨ **탐랑** - 탐랑이 질액궁에 있으면 명궁에는 기월동량이나 거일조합이 있게 된다. 자미와 동궁하고 살을 만나면 이성

간의 행위에 두려움을 느껴 자위행위를 하거나 또 성기의 포피가 길며, 화기가 되어도 역시 그렇고, 빈혈이나 성교불능과 중만년에 위의 통증이 있다.
인신궁에 있으면 요통이나 생식기능에 질환이 있으며, 사해궁에 있으면 몽정과 색욕으로 인해서 질병이 발생한다.

⑩ **거문** - 거문이 질액궁에 있으면 명궁에는 자부염무상이나 살파랑 성계가 있게 된다. 폐병·종기·종양·암 등이 있다. 타라와 동궁하면 반신불수, 천동과 동궁하면 좌골신경통·요통·근육이 날로 쇠약해지고 줄어드는 병·농혈·습창 등이 있다. 녹존·화록과 동궁하면 위병이 있다.

⑪ **천상** - 질액궁에 천상이 있으면 명궁에는 기월동량이나 거일 조합이 있게 된다. 천상이나 무곡·파군이 공조하면 얼굴을 다치거나 흉터가 있다.
자미와 동궁하면 가슴이 답답하거나 피부병이 있다.
염정과 동궁하면 당뇨·방광 혹은 신장결석이 있다. 만약 다시 홍란·함지·공겁·천허와 동회하면 신체허약하고 여자는 생리통을 띤 병이 있으며 경양·타라·천형이 회조하면 풍습·골병 혹 수술·심장쇠약·수족 불편 등의 증상이 있다.

⑫ **천량** - 명궁에 파군이 있으면 질액궁에 천량이 있게 된다. 파군은 오행으로 수성이고 천량은 토성이므로, 이미 토극수의 상이 있어 헛증 또는 소모성 질환이 많다.

천량은 음덕의 성이니 질액궁에 있으면 음덕이 있어 질병이 적거나 병이 중하지 않다는 의미가 있다. 그러나 살성이나 기성이 많으면 오히려 위험한 질병으로 변하거나 죽게 된다. 담·위장·유방에 관한 병변이 있다.

⑬ **칠살** - 칠살이 질액궁에 있으면 명궁에 기월동량이나 거일 조합이 있게 된다. 유년에 병이 많거나 성정이 조급하고 노하기 쉽다. 염정과 동궁하면 폐병·각혈 등이 있다. 자미·천부가 공조하면 내장·위장이 좋지 않고, 경양이 회조하면 맹장·혈변·혹 등이 있다. 무곡이 동궁하면 형상(刑傷)이 있고 타라를 만나면 수족에 장해가 있다.

⑭ **파군** - 거문이 명궁에 있으면 질액궁에 파군이 있게 된다.

파군은 무정·무의한 속성이 있는데, 무정하다는 것은 감정이 있었다가 정이 없어지는 것을 말한다. 신체상 감정표현을 가장 잘할 수 있는 곳은 얼굴로 이곳이 무정해지면 얼굴을 다치게 되는 것이다. 거문은 암성(暗星)이고 파군은 모성(耗星)이므로 암중으로 모손(耗損)하기 쉬우니 당뇨 같은 병이나 수족 떨림·어지럼증·구토 등이 있기 쉬우며, 또 파군이 수성이므로 신장·방광 계통 나아가 뼈에 병변이 있기 쉽다. 무곡을 만나면 치아에 병변이 있다.

(6) 천이궁

대외활동의 길흉, 외출했을 때의 길흉, 교통사고 유무, 일반적인 인간관계, 자기에 대한 외부사람들의 평가, 시국의 대세, 조류 및 추세 등도 파악할 수 있다.

① **자미** - 천이궁에 자미가 있을 때는 자미의 귀적인 측면에 착안해서 판단한다. 즉 존귀한 신분인 황제가 있는 것이니 밖에 나가 활동할 때 귀인의 조력이 있다. 백관조공을 보면 그 조력이 더욱 성세가 있어 온전할 것이나, 고군이나 무도지군이 되면 조력이 적거나 고립될 것이다.

이러한 성향은 자미가 어느 성과 조합되느냐에 따라 약간씩 다른 의미를 띤다. 가령 파군과 같은 성과 조합되면 파군이 가진 파구창신(破舊創新)의 의미로 인하여 파(破)하는 소인과 창(創)하는 귀인의 의미가 같이 있게 된다. 천부와 같이 있으면 밖에 나가서 부와 귀를 온전히 갖추며 록마를 봐도 밖에서 발전한다.

살성을 보면 시비구설 등 밖에서 편안치 못하게 된다.

어느 운의 명궁으로는 육살성이 다 들어오고 천이궁에서는 육길성과 길화가 비추고 있다면 고향보다는 타향, 본국보다는 타국으로 가서 발전을 꾀하는 것이 유리하다.

② **천기** - 천기가 천이궁에 있으면 명궁은 기월동량이나 거일 조합이 있게 된다.

외출하기 좋아하며 고향보다는 타향에서 발전하는 것이 이롭다. 천마와 살을 보면 일생 안정되지 못하고 떠돌아다니기 쉽다.

천량을 만나면 밖에서 귀인의 도움이 있고, 그로 인해 성공할 기회와 인연을 얻는다. 만약 양타·화령·공겁을 만나면 밖에 나가는 게 불리해서 파재·구설시비·의외의 재난 등이 있다.

태음·녹존·화록과 만나면 밖에 나가 득재한다.

③ **태양** - 천이궁에 태양이 있으면 명궁에는 기월동량이나 거일 조합이 있게 된다.

태양성은 동성이기 때문에 가만있지 못한다. 밖에 나가면 귀인을 가까이 한다. 함지면 바깥출입으로 바쁘다. 화기가 되면 불리한데, 병이나 사고가 생기기 쉽거나 쓸데없이 바쁘다.

양타·화령·공겁을 만나면 밖에서 시비가 많고 안녕치 못하다.

④ **무곡** - 무곡이 천이궁에 있으면 명궁은 살파랑이나 자부염무상 성계가 자리하게 된다.

타향·타국인과의 교류를 통해서 득재하는 것에 이롭다. 탐랑과 만나면 해외나 타지방에서 돈을 번다. 화기에 낙함이 되면 타향을 떠돌아다닌다. 칠살·파군이 회조하면 밖에서 심신이 평안치 않다. 양타·화령·천형·천허·공겁 등 살성·악성을 만나면 밖에서 시비가 있고 생각이나 사상이 소극적이 된다.

⑤ **천동** - 천동이 천이궁에 있으면 명궁은 기월동량이나 거일 성계가 있게 된다.

밖에서의 인연이 좋다. 천량과 동궁하면 귀인의 지지와 도움을 얻는다. 거문과 동궁하면 밖에서 창업할 수 있으나 번뇌와 구설이 많다. 태음과 동궁하면 역시 능히 발달할 수 있으나, 다만 분주하고 바쁘다. 양타가 회조하면 밖에서 시비와 재앙이 많고. 화성·영성·천형이 있으면 밖에서 투쟁과 불안이 있다.

⑥ **염정** - 염정이 천이궁에 있으면 명궁은 살파랑조합이나 자부염무상 조합이다. 염정은 태어난 곳에 있는 것이 좋지 않으며 외지에서 이롭다. 파군·칠살·천형·화기와 대모를 만나면 타향에서 객사한다. 탐랑과 동궁하면 교제와 접대가 많아 신경 쓰는 일이 많다.

천상과 동궁하면 밖에 나가는 것에 이롭다. 칠살·녹존 혹 화록이 회조하면 밖에서 돈을 번다.

살이나 화기를 보면 음모에 빠지거나 사고가 나거나 색(色)으로 인해 재난이 있다.

⑦ **천부** - 칠살이 명궁에 있으면 천이궁에 천부가 있게 된다. 칠살은 염정화록을 가장 좋아하기 때문에 염정·천부 조합이 천이궁에 있는 것을 가장 좋아한다. 칠살은 개창력이 강한 성이고 천부는 수성(守成)에 능한 성인데, 활동무대에 수성에 능한 천부가 있으니 타향으로 떠나야 안정적으로 발전할 수 있다. 그러나 록을 봐야 안정적이지 록을 보지 않고 살을 보면 불안정하다. 만약 이렇게 되면 차라리 움직이지 않는 것이 낫다.

명궁이 염정·칠살 조합이면서 살을 보면 사고의 위험이 있다.

⑧ **태음** - 천이궁에 태음이 있으면 명궁에는 기월동량이나 거일 조합이 있게 된다. 입묘하면 많은 인연을 맺으며 밖에는 귀인의 도움이 있는데, 천동과 동궁하면 먼 지방으로 가서 빈손으로 창업하여 부를 이룬다.
천기와 동궁하면 마음을 많이 쓰고 분주하며 변동이 많다. 화기가 있으면 우물쭈물하면서 진퇴에 망설임이 많고 또 구설시비도 있다.

⑨ **탐랑** - 천이궁에 탐랑이 있으면 명궁은 자부염무상 조합이 된다. 길성과 길화를 만나면 밖에서 쾌락한다. 또 다방면에 기호가 있어 도박을 좋아하는 자는 도박친구가 많고 술을 좋아하는 자는 술친구가 많으며 종교를 좋아하는 자는 종교 방면의 친구가 많다. 보필이나 록·권·과를 만나면 더욱 인연이 좋고 사람들의 사랑과 옹호를 받는다.

⑩ **거문** - 천이궁에 거문이 있으면 명궁은 기월동량이나 거일 성계가 된다. 거문성이 화권·화록 혹 녹존과 동궁하고 입

묘하면서 천이궁에 있으면 타지에서 대발하며 이름을 다른 지방까지 날린다. 거문화기는 출외에 구설이 있고 진퇴가 확실치 못하며 우물쭈물하고 동분서주하고 바쁘게 일한다.

⑪ **천상** - 파군이 수명하면 천이궁에 천상이 있게 된다. 파군은 혁신과 변화가 극렬한 성인데 반해 천이궁 천상은 피동적이고 안정적인 성이다. 그러므로 외지에서 발전하는 것에 이롭다.

그러나 형기협인이면 외지에서 활동하는 것이 불리하고, 재음협인이면 외지에서 활동하는 것이 이롭다.

⑫ **천량** - 천량이 천이궁에 있으면 명궁에는 기월동량이나 거일 조합이 있게 된다.

천량이 천이궁에 있으면 귀인의 도움을 얻고 사람들이 공경하고 두려워한다. 사궁·해궁·申宮의 삼궁에서는 동분서주하고 쓸데없이 바쁘다.

오궁의 천량이 천이궁에 있으면 멀리 외국으로 건너가는 것이 좋다. 만약 록·권·과를 보면 멀리 타향에 간다.

천기와 동궁하면 우연한 만남이 많고 변화가 많으며 안정되지 못하다. 태양이 동궁하면 밖에 나가서 이름을 날린다. 화기성이면 밖에서 시비구설이 많다. 사살이 회조하면 밖에서 재난이나 소인의 음모가 많다.

⑬ **칠살** - 명궁에 천부가 있으면 천이궁에 칠살이 있게 된다. 칠살이 살성을 많이 보면 명궁 천부가 고립되니 인생이 적막하고 공허함이 커진다. 칠살이 화권이나 록을 보면 천부의 관리능력이 강해져서 외지에 나가서 또는 외국인으로부터 인정받아 발전할 수 있다.

⑭ **파군** - 천상이 명궁에 있으면 천이궁에 파군이 있게 된다. 천상은 항상심(恒常心)이 있는 성이기 때문에 파군이 천이궁에 있어서 변동이 있기 쉬우나 고향을 떠나는 것은 좋지 않다. 형기협인이든 재음협인이든 모두 마땅치 않다. 고향에서는 개창의 폭이 적고 고향을 떠나면 개창의 폭이 크며 외지에서 귀인과 소인을 같이 만난다.

(7) 노복궁

주로 아랫사람, 고용인, 연애 중의 이성 등을 보며, 넓게는 광대한 사회 군중을 포괄적으로 지칭한다. 자기와 사회 군중 간의 관계를 표시한다.

① **자미** - 노복궁에 자미가 있을 때도 역시 자미의 성향을 궁에 대입해 판단한다. 노복궁이란 부하·동료·합작파트너와의 관계의 좋고 나쁨을 보는 궁인데, 이 궁에 황제를 의미하는 성이 있으니 노복이 너무 강해 내가 함부로 부리기 쉽지 않다.

노복궁을 현대 두수가들은 교우궁(交友宮)이라고도 부른다. 길화와 길성이 많으면 많을수록 나는 약해지고 노복만 강해지기 때문에 흔히 주객전도의 상황이 일어나기 쉽다. 이 궁에 녹존이 동궁하면 천이궁과 관록궁에서 양타를 보게 되니, 노복은 록을 깔고 있어서 편하지만 나는 양타를 보아 고생스럽게 된다. 자미가 동궁한 성이 칠살이면 더욱 이런 경향이 강해진다.

자미·파군과 같은 반역성의 조합은 노복궁에 있는 것을 더욱 꺼리는데, 살을 보면 나쁜 친구를 사귀다가 손해 보기 쉽다.

타라와 동궁하면 친구를 위해 지나치게 나서다가 복잡해지며, 경양과 동궁하면 친구나 아랫사람이 은혜를 원수로 갚는다.

② **천기** - 천기가 노복궁에 있으면 명궁에 살파랑이나 자부염무상 성계가 있게 된다.

각계각층에 친구나 부하가 있어도 잘 바뀌며 음모가 있기 쉽고 지기(知己)를 얻기 쉽지 않다.

입묘하면 능히 친구의 조력을 얻을 수 있고 또한 직원의 도움을 얻을 수 있다. 거문과 동궁하면 구설이 많다. 양타가 회조하면 친구가 부담이 되거나 혹 소인의 해를 입는다. 화성·영성과 만나면 쟁투가 많고 화내는 일이 많다. 공겁·대모와 만나면 친구 때문에 돈을 날린다.

③ **태양** - 염정이 명궁에 있으면 노복궁에는 태양이 자리하게 된다. 태양이 입묘하면 사귀는 친구의 격국이 크고 권위를 가지며 대중적인 인물이나, 함지이면 그 격국이 협소하

고 영향력도 적은 친구다. 따라서 노복궁의 상황으로 염정 수명자의 격국의 대소와 성공 여부를 가늠할 수 있다. 끼리끼리 어울리는 이치 때문이다. 태양은 베푸는 성이므로 명궁 염정이 조력을 얻을 수 있다.

④ **무곡** - 무곡이 노복궁에 있으면 명궁은 기월동량이나 거일이 있게 된다. 부하나 동업인과 인연이 적으며 고립되기 쉽다.

탐랑·함지·천요 등의 도화성을 만나면 술친구가 많다. 파군·대모를 만나면 친구 때문에 파재하거나 은혜를 베풀고 원수가 되는 일이 생긴다. 칠살을 만나면 친구를 파는 사람을 주의해야한다.

입묘한 천부성을 만나는 것을 가장 좋아하고 다시 길성을 만나면 친구들이 많다.

⑤ **천동** - 천동이 노복궁에 있으면 명궁은 자부염무상이나 살파랑이 있게 된다.

다방면의 부하나 아랫사람이 많다. 입묘하면 협조가 있으며 천량 혹 태음과 동궁하면 이로운 친구를 얻는다.

거문과 동궁하면 오해가 있기 쉽다. 양타와 동궁하거나 회조하고 낙함하면 친구가 짐이 되거나 손아래 사람의 불의한 모함을 받기쉽다. 화성, 영성을 만나면 친구때문에 답답해진다. 대모, 공겁을 만나면 친구로 인해 파재한다.

⑥ **염정** - 천기가 명궁에 있으면 노복궁에 염정이 있게 된다. 염정은 차도화성이고 교제에 능한 성이므로 염정이 노복궁에 있으면 먹고 마실 수 있는 친구나 부하가 많을 수 있으나, 명궁에 있는 천기는 변화나 변덕이 많은 성이므로 진정한 친구나 부하를 얻기 쉽지 않다. 명궁 천기의 본질이 속되면 유유상종의 이치처럼 속되고 좋지 못한 친구를 사귀기 쉽다.

⑦ **천부** - 천부가 노복궁에 있으면 명궁에는 기월동량이나 거일 조합이 있게 된다. 천부가 노복궁에 있으면 친구가 많다. 록·권·과가 회조하면 친구의 조력을 얻을 수 있고, 보필을 만나면 친구의 옹호를 받고 또 손아래 사람의 힘을 얻거나 충심으로 따르는 수하를 얻는다.
만약 공겁·대모가 회조하면 친구로 인해 파모(破耗)하거나 수하에게 도적질당해 파손이 있다.

⑧ **태음** – 노복궁에 태음이 있으면 명궁에는 자부염무상이나 살파랑 조합이 있게 된다. 입묘하면 이로운 친구가 많다. 태양이 동궁하면 관계가 차가워졌다 뜨거워졌다 한다. 천기와 동궁하면 다방면의 친구와 사귄다. 낙함하면 친구로 인한 음모를 방비해야 한다. 겁공·대모를 만나면 친구로 인해 파모한다.

⑨ **탐랑** – 노복궁에 탐랑이 있으면 명궁에는 기월동량이나 거일 조합이 있게 된다. 홍란·함지·천요·타라·음살·대모 등을 만나면 주색 친구가 많다. 무곡·경양·화성·화기가 회조하면 친구의 음모나 아랫사람으로부터 부담을 받기 쉽고, 시비·분규·구설이 많거나 색으로 인해 다투거나 돈 버는 것으로 다툰다. 만약 탐랑이 입묘하고 보필·괴월·천무·천복·은광을 만나면 대인관계가 넓고 많으며 친구의 환영을 받거나 친구로부터 옹호를 받는다.

⑩ **거문** – 파군이 명궁에 있으면 노복궁에 거문이 있다. 거문은 악성으로 대인관계에서 초선종악의 암시가 있어 불리하다. 입묘한 태양에 의해 거문의 어두운 본질이 긍정적으로 변할 수 있다. 거문이 천이궁의 천상을 협하게 되므로

거문의 상황이 좋지 않으면 명궁 파군도 진퇴에 어려움이 있게 되나, 반대로 거문이 녹과 동궁하면서 길성이 비추면 친구나 아랫사람의 도움이 크게 된다.

시비를 주관하는 거문이 노복궁에 있으니 친구와 항상 불필요한 구설과 시비가 있다.

⑪ **천상** - 천상이 노복궁에 있으면 명궁에는 기월동량이나 거일 성계를 본다. 천상이 록·권·과와 녹존·보필을 만나면 교우관계가 넓다. 또 조력도 많다. 혹은 친구로 인해 집안을 일으키고 또한 충심을 가진 아랫사람을 얻는다.

자미와 동궁하면 경외하는 친구나 정의감 있는 친구나 부하를 얻는다. 무곡과 동궁하면 의리 없고 다툼이 많은 친구가 있다.

⑫ **천량** - 천부가 명궁에 있으면 노복궁에 천량이 있게 된다. 천량은 감찰의 성이므로 천부수명자는 항상 친구나 아랫사람에게 잘못을 지적받게 되며, 천량에 좌보·우필이 동궁하면 충성스럽고 정의감이 있는 좋은 친구가 있게 된다.

⑬ **칠살** - 명궁에 태음이 있으면 노복궁에는 칠살이 있다.

칠살은 혼자 판단하고 혼자 실행하는 성이고 좋고 싫음이 일정치 않은 성이기 때문에 정적인 태음으로서는 친구나 아랫사람에게 부담을 받기 쉽다.

⑭ **파군** - 천량이 명궁에 있으면 노복궁에 파군이 있게 된다. 파군은 모성(耗星)이며, 노복궁에 파군이 있으니 친구를 사귈 때나 아랫사람을 부릴 때 마음을 많이 쓰는 성질이 있는데, 명궁 천량의 입장에서는 더욱 그 사람의 인생이 적막하고 원망듣기 쉬우며 쉽게 시비가 생기는 것으로 나타난다. 천량의 고극적인 성향은 이러한 구조적인 원인에 기인하는 것이다.

파군이 노복궁에 있으면 동업하기 쉬우며 친구 때문에 파재하거나 은혜를 베풀고 원수가 된다.

(8) 관록궁

직업 선택, 직위의 고저, 일할 때의 태도, 직업의 성질, 학업 성적과 시험운의 호괴, 사업운, 공명 등의 성취여부 등을 알 수 있다.

① **자미** - 관록궁은 흔히 사업이나 직업 등을 보는 궁인데, 재백궁에서 말했던 것처럼 반드시 명·신궁과 같이 보고 판단해야지 단순히 관록궁만 보고 직업이 무엇인가를 판단하면 맞지 않다.

자미가 관록궁에 있으면 명궁에는 반드시 무곡이 있다. 자미가 천형·경양을 보면 주로 군인이나 경찰 등 무관직에 종사하는 경우가 많은데, 그것은 명궁에 무곡이라는 금성(金星)이 좌하기 때문에 그와 같은 의미로 나타나게 되는 것이다.

또 자미가 관록궁에 있으면서 공겁·대모를 보면 일생 사업에 파모가 많고 공중에 누각을 짓듯 상상을 현실화 하는 경향이 있어서 벤처사업 등이 적합하며, 공망성은 창조성이기도 하기 때문에 철을 깎고 물건을 고안해서 만드는 공업 등도 적합한데, 이것 역시 명궁에 무곡이 있기 때문에 이런 의미를 가지게 되는 것이다.

단순히 관록궁에 자미가 있을 때의 의미는 자미의 본질을 궁과 결합해서 판단하면 된다. 관록궁은 부귀 중에서 귀를 조율하는 궁이므로 이 궁에 귀와 권력의 의미가 있는 자미가 들어가는 것은 일단 길하다 할 수 있다.

백관조공을 보면 명리와 권귀(權貴)함이 있다. 록마·화록을 보면 경제계나 재경계에서 대권을 쥘 수 있다.

관록궁에서 약간의 살은 일반적으로 격발을 의미한다. 칠살과 만나면 자미가 관리능력이 크게 강해지고 파군을 만나면 개창력이 크게 강해진다.

② **천기** - 천동이 명궁에 있으면 천기는 관록궁에 있게 된다. 천동은 정서성이고 천기는 변화성이다. 천기가 관록궁에 있으면 직업상 이동 변화가 많은데, 이는 모두 명궁 천동의 정서변화로 인한 것이며 환경으로 말미암지 않는다. 사고(思考) 계획·계산·기계와 관계된 업에 적합하며 일생 많은 직업을 가질 수 있다.

③ **태양** - 태양이 관록궁에 있으면 명궁에 기월동량이나 거일 조합이 있게 된다.
입묘하고 보필·괴월 혹 창곡을 얻고 살을 보지 않으면 크게 귀하다. 거문과 동궁하고 살이 없으면 대부대귀한다. 화록·화권·화과가 회조하면 국가의 동량이 된다. 태양이 함지에 있고 양타를 만나면 고생스럽고 바쁘며 성패가 많다. 공겁을 만나면 기예(技藝)에 종사하여 이름을 내는 것이 좋다. 또는 아무것도 없이 사업을 시작해 성공하는 경우가 많다.

④ **무곡** - 염정이 명궁에 있으면 관록궁에 무곡이 있게 된다. 무곡은 행동성으로 먼저 실행하고 나중에 생각하는 성질이 있으며, 국부적인 집중의 성질이 있는데, 이 본질이 명궁 염정이 가지고 있는 집중(囚)의 본질에 힙 입어 더욱 집중해서 사업을 발전시키게 된다. 금융·재무·금속·공장·현금·연구개발직 등과 관계 있는 업에 맞다.

⑤ **천동** - 천동이 관록궁에 있으면 명궁은 기월동량이나 거일이 있게 된다. 자수성가하거나 혹은 작은 것에서 크게 이루는 것이 마땅하다. 화록·화권·화과가 회조하면 사업이 왕성하다. 거문과 동궁하면 고생 끝에 성공한다. 태음과 동궁

하면 이미 이루어진 것을 기초로 발전을 도모한다. 문창·문곡이 회조하면 문화예술계로 나간다.

천마·타라가 회조하면 업무변동이 많고 다툼이 많다. 경양·천형과 만나면 사업상 송사가 많다.

⑥ **염정** - 자미가 명궁에 있으면 관록궁에 염정이 있게 된다. 자미는 황제성이고 염정은 차도화로 정치나 교제 수완이 좋은 성이므로, 자미가 일처리 하는데 있어 정치수단이 좋으며 무직(武職)에 이롭다.

⑦ **천부** - 천부가 관록궁에 있으면 명궁에서 자부염무상이나 살파랑 성계를 본다. 천부가 관록궁에 있으면 사업이 크고 관직이 높다. 예컨대 천부가 오궁에 있고 녹존이 인궁에 있고 천상이 술궁에 있으면서 길성이 회조하면 극품의 귀가 있는데, 살성이 없어야 합격이다. 천부가 축궁에 있으면서 길을 만나도 역시 높은 귀가 있는데, 반드시 녹존이 유궁에서 만나야 합격이며, 문·무 모두에서 귀하고 부하다.

⑧ **태음** - 태음이 관록궁에 있으면 명궁에는 기월동량이나 거일 조합이 있게 된다. 태음에 문창 문곡이 회조하면 문화

사업 공중사업에 마땅하다. 보필을 만나면 정치·행정 등이 좋다. 천동 혹 천기와 동궁하면 사업에 변동이 많거나 유동성사업이 적합하다. 천동·천량·천기가 회조하면 기관·공장·공적인 조직 등에서 직책을 맡는 것이 좋으며, 주식회사·유한회사 등을 조직하는 것도 좋다.

⑨ **탐랑** - 관록궁에 탐랑이 있으면 명궁에는 파군이 있게 된다. 파군은 개창력의 상징이고 탐랑은 도화성이고 주색을 대표하며 집념과 욕망이 중하다. 파군의 상황이 좋으면 관록궁 탐랑의 도화 성향은 사업상의 원활함으로 나타나지만, 파군의 상황이 불안정하면 탐랑은 횡발횡파하게 되고, 도화성을 보면 주색으로 사업에 영향이 있다. 운동·오락·신비사물·교제·경쟁 등과 관계된 업에 좋다.

⑩ **거문** - 거문이 관록궁에 있으면 명궁에는 기월동량 성계나 거일 성계가 있게 된다. 입묘하면 창업 혹은 전문기능으로 발전하거나 의사·법률가·정치가·군사전략가와 연예계에서 발전하거나 지도자나 종교의 교주로 초인적인 두뇌와 뛰어난 구변으로 성공한다. 입묘하고 화권·화록·녹존 등 길성과 동궁하면 군정계의 요인·사회의 저명인사·상업계의 거

두 등이 되기도 한다.

⑪ **천상** - 천부가 명궁에 있으면 관록궁에 천상이 있다. 천부는 남두주성이고, 천상은 문서·신용·대리의 의미가 있으므로 주성 천부의 대리자로 일을 처리하는 의미가 있어 복무·대리·대변·중개·위탁 등의 일에 길하다.

⑫ **천량** - 태음이 명궁에 있으면 관록궁에 천량이 있다. 천량은 감찰·감독의 의미가 있다. 그래서 태음 명궁자는 일할 때 이런저런 소리를 들으며 주목을 받게 된다. 천량은 감사·감독·형법·회계·관리 등의 업에 적합하다.

⑬ **칠살** - 탐랑이 명궁에 있으면 관록궁에는 칠살이 있게 된다. 탐랑은 집착을 주관하고 칠살은 장군의 뜻이 있다. 그래서 독립적으로 일을 하려는 성향 때문에 장기적인 동업 등에는 적합하지 않다.
군·검찰·경찰 등 무관직에서 두각을 나타내며, 개척·독립·권위적인 일에 맞고 투기를 좋아한다.

⑭ **파군** - 칠살이 명궁에 있으면 관록궁에는 파군이 있다.

칠살은 독자적으로 행동하고 누구 말을 듣지 않는 성이고 파군은 모성(耗星)으로 전력투구하는 성이기 때문에 파군이 관록궁에 있으면 매사에 전력으로 최선을 다한다. 그러나 파군이 창곡을 보면 오히려 생각이나 계획이 많은 것으로 변해버린다.

칠살수명자가 왕왕 다른 일을 겸하거나 동업하는 경우가 많은 것은 관록궁의 파군 때문이다. 겸직하기 쉽고 평생 일이 많으며 무직이나 기술 방면에서 발달한다.

(9) 전택궁

재고(財庫), 자기와 가정구성원간의 상대적인 관계를 살펴볼 수 있으며, 그 사람의 고정자산, 처한 환경, 부동산, 저축 능력, 집이 위치한 환경, 집안의 흥쇠 여부, 회사 등을 판단할 수 있다.

① **자미** – 전택궁은 동산·부동산에 관련한 문제뿐만 아니라 집안의 운세·집안의 분위기·풍수·집 주위의 환경 등 여러 가지를 살펴보는 궁이다.

전택궁에 자미가 있을 때의 의미를 동산·부동산의 의미로만 한정한다면, 자미는 황제로 지고무상한 존재이기 때문에 자미가 전택궁에 있으면 그런 의미를 따라 집도 지대가 높거나 고층에서 사는 것이 좋고 부동산도 산이나 언덕 등 평지보다 높은 부동산을 장만하는 것이 좋다.

또 파군과 조합되면 조업을 없애는 암시가 있는데, 자미의 높다는 의미가 조상이나 부모의 의미로 전화되고 파군은 파구창신하는 성이므로 조업을 없애고 스스로 개창하게 되기 때문이다.

또 천상과 조합되면 천상이 항상(恒常)의 의미가 있으므로 길성을 보면 현재 이뤄놓은 가업이 있는 것으로 나타난다. 자미가 화성과 동궁하고 다른 살이 충하면 화재의 의미가 있다. 다른 성과 조합할 때의 의미도 이런 식으로 추리하면 된다.

② **천기** - 무곡이 명궁에 있으면 전택궁에는 천기가 있게 된다. 그러므로 이사를 자주 하며 집안이 편안치 못하고 조업을 지키기 어렵다. 집안에 기계·전자제품이 많다.

③ **태양** - 태양이 전택궁에 있으면 명궁은 자부염무상이나 살파랑이 있게 된다.

조업을 지키기 어려우며 거주지 변화가 많은데 입묘하고 길이 비춰도 변화가 많다. 살을 보면 집안의 남자에게 불리하다.

태음 혹 거문과 동궁하면서 길성의 도움이 있고 사살·공겁을 만나지 않으면 부동산을 많이 늘릴 수 있으나, 부동산으로 인해 안팎으로 다투게 된다. 태양·천량이 동궁하면 공공재산으로 다툼이 있다.

④ **무곡** - 무곡이 전택궁에 있으면 명궁에는 기월동량이나 거일 조합이 있게 된다. 입묘하면 능히 조상의 유업을 이을 수 있고 파군·공겁·대모를 만나면 가산을 파한다. 천부와 회조하면 능히 발달하고 지킬 수 있다. 천상이 회조하면 선패후성(先敗後成)한다. 진술궁에서 탐랑과 만나면 30세 이후에 사업을 늘린다. 탐랑·화성과 동궁하면 사업이 불같이 일어난다. 화기는 사업으로 인해 다툼이 발생한다. 사살·공겁·대모를 만나는 명은 진퇴가 있다.

⑤ **천동** - 염정이 명궁에 있으면 전택궁에는 천동이 있다. 염정은 교제수완이 좋은 성이고 천동은 자수성가성이다. 천동이 록을 보아 자수성가의 성향이 강할수록 명궁 염정의 본질은 더욱 교제수완을 발휘하게 된다. 록을 보면 자수성가로 전택을 장만한다.

⑥ **염정** - 염정이 전택궁에 있으면 명궁에는 기월동량이나 거일 조합이 있게 된다. 입묘하고 칠살과 동궁하면 자기가 집을 살 수 있다. 천부와 길성이 회조하면 능히 조업을 지키고 낙함하면 파재한다.
화기성에 살성이 있으면 산업으로 인해 재난이 생긴다. 탐

랑과 동궁하면서 공겁·대모·함지·천요·경양·타라·화성·영성 등이 회조하면 주색 도박이나 기타의 기호로 파산한다.

⑦ **천부** - 천부가 전택궁에 있으면 명궁은 기월동량이나 거일 조합이 있게 된다. 능히 밭을 늘리고 부동산을 구입할 수 있으며 개창할 수도 지킬 수도 있지만, 공겁·대모를 만나면 파모가 있고, 경양·타라를 만나면 분란이 있다. 또 천부가 전택궁에서 문창·문곡을 보면 집안에서 학문으로 대성하는 사람이 나온다.

⑧ **태음** - 파군이 명궁에 있으면 전택궁에 태음이 있게 된다. 태음은 장(藏)·함축·변화다단의 의미가 있고 안으로 감정이 민감한 성이다. 그러므로 그 사람의 전택의 변화는 왕왕 집안이나 조직의 내부인사로 인한 투쟁과 암투로 말미암는다. 태음이 묘왕지인가에 따라 파군의 행동과 개창능력이 안정적으로 발전하는가, 우여곡절이 많은가를 판단한다. 묘왕지에 태음이 있으면 전택에 좋으며 안정적이다.

⑨ **탐랑** - 탐랑이 전택궁에 있으면 명궁에는 기월동량 성계나 거일 성계가 있게 된다. 탐랑이 입묘하고 화령과 동궁하

거나 회조하면 자수성가할 수 있다. 단 거주하는 집을 자주 수리한다. 화성과 동궁하고 살성·대모 혹은 공겁을 보면 병 또는 재난이 있으나, 길성이 회조하면 놀라기만 한다. 화록·화권·화과·녹존이 회조하면 산업이 풍요롭고, 홍란·천희·봉각과 회조하면 집을 아름답게 꾸민다.

⑩ **거문** - 명궁에 천부가 있으면 전택궁에 거문이 있게 된다. 명궁 천부는 관록궁의 천상을 고정적으로 보고 이 천상은 거문의 협을 받기 때문에, 전택궁 거문의 상황이 관록궁 천상에 영향을 주므로 명조에게 보다 직접적인 영향을 미치게 된다. 묘왕지의 태양이 거문의 암적 기질을 해소하는 것이 급선무다. 일반적으로 거문이 전택궁에 있으면 전택에 불리하며 조상의 유업을 지키기 어렵다.

⑪ **천상** - 명궁에 태음일 때 전택궁에는 천상이 있게 된다. 천상의 대궁에 파군이 있기 때문에 무정무의한 성질이 있어 천상협궁의 상황이나 본궁의 상황이 안 좋으면 명궁 태음이 주관하는 집안 내의 일로 인하여 집안에 거대한 변화가 있다. 상황이 좋지 않으면 고대에는 다른 사람과 연루되어서 멸족되기도 했다.

오래된 집과 인연이 있으며, 여러 사람과 같이 사는 아파트·다가구주택 등에서 살 암시가 있다.

⑫ **천량** - 명궁에 탐랑이 있으면 전택궁에 천량이 있다.
천량은 음덕의 성이기 때문에 승계·보호의 의미가 있어 오래된 집 또는 구택을 리모델링해서 새집을 만들어 사는 것에 좋다. 탐랑은 도화성이고 밖의 일을 주관한다면, 천량은 감찰·감독의 성으로 안의 일을 주관하여 탐랑의 본질을 견제하므로, 이 견제가 적당하면 밖에서 활발하게 돌아다니더라도 집안에 충실하거나 반생을 바람을 피우다가도 결국에는 가정에 충실한 만년을 보내게 된다.
조상의 유업이 있으며, 태양과 살성을 보면 부동산으로 인해 시비구설이 있다.

⑬ **칠살** - 명궁에 거문이 있으면 전택궁에 칠살이 있다.
거문은 암성이고 칠살은 좌절의 성이니, 칠살이 전택궁에 있으면 주로 알지 못하는 일로 인하여 또는 본인이 인식하지 못하는 상황에서 실패하기가 쉽다. 일생 부동산에 좌절이 있기 쉽다. 자미를 만나면 귀인의 도움을 받고, 염정을 만나면 부동산을 장만할 수 있다.

⑭ **파군** - 파군이 전택궁에 있으면 명궁에 기월동량이나 거일 조합이 있게 된다. 자·오궁에 있으면 산업이 풍성해지고 늘어난다. 진·술궁에서는 조상의 유산이 있다.

자미와 동궁하면 의외의 자산(資産)을 얻을 수 있다. 낙함하면 물려받거나 오래된 부동산을 없애기 쉽다. 양타·화령·공겁이 회조하면 조업을 파한다.

(10) 복덕궁

품성, 성격취향, 품격의 고저, 정신생활의 고저, 수명의 장단 등을 살펴볼 수 있다.

기호, 정신, 아이큐, 사고, 수명, 복분(福分), 내면세계, 처세 태도와 향락 정도, 죽고 난 뒤의 명예 여부 등을 알 수 있다. 정신병이나 자살, 불면증, 우울증 등은 복덕궁으로 관찰한다.

십이사항궁 중 유일하게 복덕궁만이 자기의 의지로 고칠 수 있는 궁이다.

① **자미** - 복덕궁은 정신이나 사상·가치관·내면세계 등을 살펴보는 궁인데, 이 궁에 자미가 들어가면 자미가 상징하는 황제의 지고무상·고고함 등에 착안하여 궁의 의미와 조합해서 해석하면 된다.

황제이기 때문에 주관이 강하며 많은 신민을 거느리지만 자기의 고민은 토로할 데가 없는 고독함이 있기 때문에, 자기의 감정을 잘 드러내지 않고 매사를 직접 하려 하고 완벽주의적인 성향이 강하게 되어 생각과 잔근심이 많게 된다. 일을 많이 만드는 파군과 조합되면 노심초사 노력하는 경향이 많다.

화성을 보면 성격이 급해지고, 타라와 동궁하면 스스로 번뇌를 찾아서 하며, 화기를 만나면 우려가 많게 된다.

② **천기** - 태양이 명궁에 있으면 복덕궁에 천기가 있게 된다. 태양좌명자가 성격이 총명하고 고아한 것은 전적으로 복덕궁의 천기 때문이다. 천기가 좌하니 머리가 잘 돌아가나 가만있지 못하고 정서불안이 있기 쉽다. 천기화기면 근심이 많다.

③ **태양** - 천동이 명궁에 있으면 복덕궁에는 태양이 있다. 명궁 천동이 대범하고 다투지 않고 자비심이 있으며 다른 사람과 친한 이유는 복덕궁의 태양에 원인이 있다.

이 태양의 묘왕평한함에 따라 명궁 천동의 기본속성, 즉 흉을 만나고 난 뒤 길을 보는 성향에서, 흉을 만날 때의 흉의 대소를 가늠할 수 있다. 태양이 복덕궁에 있으면 관후하며 명예를 중시하고 베풀기 좋아한다.

④ **무곡** - 복덕궁에 무곡이 있으면 명궁은 살파랑이나 자부염무상 조합이 있게 된다.

결단력이 있고 명쾌해서 좋으나 생각이 짧기 쉽고 현실적이라 고아한 맛이 없다. 무곡은 재성으로 복덕궁에 있으면 능히 복을 누린다. 단 반드시 길성을 만나고 입묘해야 그렇다. 탐랑, 함지, 천요를 만나면 주색을 즐긴다. 낙함하면 물심양면으로 고생한다. 화기는 정신을 많이 소비한다. 파군·타라와 만나면 분주하고 칠살과 천마와 만나도 고생한다. 천상과 동궁하면 만년에 깨끗한 복을 누릴 수 있다.

⑤ **천동** - 천동이 복덕궁에 있으면 명궁은 기월동량이나 거일 성계가 자리한다. 천동은 복덕궁의 주성이므로 복을 누리며 쾌락할 수 있다. 일반적으로 그 사람의 정신생활이 풍족하고 생활정취가 있다. 창곡·화과·용지·봉각 등이 회합하면 더욱 격조가 있다. 천량과 동궁하면 자연 안락하고 태음성과 동궁해도 역시 편하고 복을 누릴 수 있으나 거문과 타라와 동궁하면 자기가 고민을 찾아서 한다.

⑥ **염정** - 염정이 복덕궁에 있으면 명궁은 살파랑이나 자부염무상 조합이 있게 된다. 입묘하고 천부·천상과 회조하면

복이 많고 오래 살며 쾌락향수할 명이다. 파군과 동궁하면 물심양면으로 고생한다. 염정이 복덕궁에 홀로 있으면 바쁘다.

낙함하거나 화기를 보면 종일 우려하고 불안하며 초조하고 신경을 많이 쓰거나 잠을 못 이룬다. 양타·화령·공겁·대모와 회조하면 복 없이 바쁘기만 하다.

⑦ **천부** - 파군이 명궁에 있으면 복덕궁에는 천부가 있다. 파군은 파구창신(破舊創新)의 성으로 개창력이 풍부한 데 반해, 복덕궁 천부는 보수적이고 지키는 것에 능하다. 따라서 명궁의 성과 복덕궁의 성이 성질상 차이가 있어서 명궁 파군의 명은 사상이 모순된다.

천부가 녹을 얻어야 파군이 맹목적이거나 충동적이지 않아 냉정하게 처신할 수 있다. 천부가 천요를 보면 파군의 맹목성을 제어할 수 없어 좌절을 하게 되고, 지공·지겁을 보면 천부의 안정성을 파괴하게 되어 실질적이지 못하게 된다.

⑧ **태음** - 복덕궁에 태음이 있으면 명궁에는 기월동량이나 거일 조합이 있게 된다. 온화하고 환상이 많으며 조용한 것을 좋아한다. 입묘하면 복을 후하게 향수한다. 일월이 동궁

하면 더 좋다.

천동이 동궁해도 역시 향수한다. 태음화기는 외면은 안정되게 보이나 내심은 불안한데, 천기와 동궁해도 역시 안녕하지 못하다.

화성 타라와 동궁하면 스스로 찾아 바빠하거나 혹은 스스로 번뇌를 자초한다.

⑨ **탐랑** - 천부가 명궁에 있으면 반드시 복덕궁에 탐랑이 있게 된다. 천부는 조심스러운 성격이고 탐랑은 다채로운 변화를 좋아하는 성이라 서로 모순되므로, 복덕궁에 탐랑이 있으면 내심 편안치 않고 욕망과 기호가 많으며 운동을 좋아한다.

⑩ **거문** - 태음이 명궁에 있으면 복덕궁에는 거문이 있게 된다. 거문은 암성이므로 반드시 묘왕지의 태양으로 그 어두움을 해소해야 한다.

거문이 살성과 동궁하면 태음수명자로 하여금 정신적으로 편안치 못하게 하며 항상 사려가 많게 한다. 살이 없어도 의심이 많고 일 없이 바쁘며 마음이 안정되지 못하다.

⑪ **천상** - 명궁에 탐랑이 있으면 복덕궁에는 천상이 있다. 천상은 명령하는 성이 아니라 명령을 집행하는 청지기와 같은 성향이 있으므로 명궁 탐랑이라도 천상에 견제를 당한다. 그래서 명궁에 도화성이 없을 지라도 복덕궁 천상에 도화성이 있으면 도화적인 경향이 심하게 되는 것이다. 다른 성과 달리 탐랑에게는 복덕궁 천상의 성질이 탐랑좌명자의 일생에 지대한 영향을 미치게 되니 유의해야 한다.
일반적으로 천상이 복덕궁에 있으면 정의감과 동정심이 있다.

⑫ **천량** - 거문이 명궁에 있으면 복덕궁에는 천량이 있다. 거문은 다른 성을 어둡게 하는 성질이 있고 복덕궁 천량은 감독·감찰의 성향이 있으므로, 어두운 것이나 모르는 것을 따지기를 좋아한다. 정신생활을 중시하며 명사의 풍도가 있고 낙천적이다.

⑬ **칠살** - 명궁에 천상이 있으면 복덕궁에는 칠살이 있다. 천상은 자기 주견이 없는 성이고 칠살은 고극의 성이자 행동력이 강한 성이다. 그래서 행동력이 있는 칠살이라도 내심으로만 애증이 강렬하고 겉으로는 좋고 싫음을 나타내지

않으려고 한다. 뜻이 높고 성급하며 바쁘다. 혼인에 불리하고 함지에 있으면서 살을 보면 소극적이다.

⑭ **파군** - 파군이 복덕궁에 있으면 명궁에 자부염무상이나 살파랑 조합이 있게 된다. 오궁의 파군이면 안락하며 우려가 적다.

무곡과 동궁하면 물심양면으로 고생이 많다. 염정과 동궁하면 고생하고 바쁘다. 화기성은 우려가 많으며 우물쭈물 망설임이 많다. 사살·공겁을 만나면 번뇌가 있고 불안정하다.

(11) 부모궁

포괄적으로 윗사람을 지칭한다. 예를 들어 부모, 선생, 상사 등 자기와 윗사람간의 상대적인 관계와 연분의 후박을 나타낸다. 또 손님, 정부기구, 관할기관 등을 의미하기도 한다. 부모의 신체, 외모나 직업적인 상황을 추측할 수 있다. 부모궁은 의식(衣食)이 비롯되는 궁이다.

① **자미** - 부모궁에 자미가 있어도 자미가 상징하는 의미를 궁과 결합해서 여러 가지 의미를 파악할 수 있다.
황제의 의미가 있기 때문에 부모의 권위가 있고 황제가 신민을 부리듯 부모의 교육방식도 유사한 형태를 띤다.
역시 백관조공이 되면 완미한 부모의 복을 누릴 수 있지만, 고군이나 무도한 혼군이 되면 심지어 부모가 폭군이 되기도 한다.
도화성인 탐랑과 동궁하면서 다른 도화잡성을 보면 부모가 외도하는 경우가 많고 부모의 혼인에 문제가 있을 수 있다.
살과 화기를 보면 형극하고 어릴 때 부모의 사랑을 받지 못한다.

② **천기** - 천기가 부모궁에 있으면 명궁은 자부염무상이나 살파랑이 있게 된다. 떨어져 있기 쉬우며 천마를 보면 어릴 때 집을 떠난다.
도화·천마를 보면 데릴사위로 들어가거나 혹 처가는 봉양하고 부모는 봉양하지 않는다. 양타·화령·공겁·천형이 비추면 형극하거나 두 부모에 절하거나 형제나 타인에게 양자로 간다. 태음·천량이 회조하면 형극을 면할 수 있으며 거문과 동궁하면 조년에 부모에 불리하다.

③ **태양** - 무곡이 명궁에 있으면 부모궁에는 태양이 있다. 태양이 함지에 길화가 없으며 살을 보면 아버지가 무력하기 쉽고 시비와 형극이 있기 쉬운데, 그것은 명궁의 무곡이 고독하고 형극하는 뜻이 있기 때문에 더욱 그렇다. 묘왕지이면서 길화를 보면 형극이 해소되므로 길하다.

④ **무곡** - 명궁에 천동이 있으면 부모궁에는 무곡이 있게 된다. 천동은 자수성가의 성이고 무곡은 형극 속성이 있는 성이다. 무곡이 살성을 많이 보면 부모의 가업이 망가지니 천

동은 자연히 자수성가하는 격이 된다. 천동은 유약한 성이고 마찰을 싫어하는 성인데, 무곡은 과감한 성이므로 무곡이 부모궁에 있으면 부모의 사랑이 부족하고 세대차이가 크게 나며, 무곡이 살을 보면 부모를 형극하기 쉬워서 좋지 않으나, 무곡이 좌보·우필과 동궁하면 부모와 감정이 좋다.

⑤ **천동** - 천동이 부모궁에 있으면 명궁은 자부염무상이나 살파랑 조합이 있게 된다. 입묘하고 부모궁에 있으면 부모가 온전하고 형극도 없다. 오직 거문과 동궁하면 부자간에 의견이 있다.
양타·화령을 만나면 어릴 때 남의집살이를 하거나 남의 대를 잇거나 하며 그렇지 않으면 형극이 있다.
공겁·천형을 만나도 역시 극한다. 일반적으로 천동이 부모궁에 있으면 부모가 본인을 크게 간섭하지 않아 본인이 자유롭게 크기 쉽다.

⑥ **염정** - 부모궁에 염정이 있으면 명궁에는 기월동량이나 거일조합이 명궁에 있게 된다. 함지에 있거나 화기성이면 부모에 불리하거나 두 부모를 모신다. 천부와 천상과 길성이 회조하면 그렇지 않다. 천마·천허와 같이 만나면 부모를

멀리한다.

칠살·파군·탐랑과 회조하면 부모에게 형상(刑傷)이 있다.

⑦ **천부** - 천부가 부모궁에 있으면 명궁에는 기월동량이나 거일 조합이 있게 된다. 천부가 부모궁에 있으면 부모가 모두 온전하고 형극이 없다. 다만 경양과 동궁하면 부자간 의견이 맞지 않고, 타라·화령·공겁·천형이 회조하면 형상(刑傷)이 있거나 분거(分居)하거나 제사를 모시지 못한다.

⑧ **태음** - 천부가 명궁에 있으면 부모궁에 태음이 있게 된다. 천부는 창고로 저장·수렴하는 성질이 있고 태음도 수렴의 성질이 있으니, 태음이 함지에 있으면 부모나 윗사람이 이기적이다. 경양·타라를 보면 부모 연분이 박하며 세대차이가 있다.

⑨ **탐랑** - 태음이 명궁에 있으면 부모궁에 탐랑이 있게 된다. 탐랑은 재예의 성이므로 부모궁에 있으면 부모가 기호나 흥취가 광범위하다. 태음의 행동력은 탐랑에 미치지 못하기 때문에 윗사람에게 지나치게 나서거나 맞서면 윗사람의 투기나 질시를 초래하게 된다. 상황이 좋으면 길하다. 부

모나 윗사람이 자기를 세심하게 보살펴 준다.

⑩ **거문** - 명궁에 탐랑이 있으면 부모궁에 거문이 있게 된다. 탐랑은 재예의 성이고 거문은 다른 성의 속성을 어둡게 가리는 성향이 있으므로, 명궁 본신의 탐랑이 주하는 재예를 부모궁 거문이 가리게 되어 자신의 재능을 이해하지 못하거나 키워주지 못해 부모와 사이가 좋지 않고 분리하기 쉬우며 인연이 적다.

⑪ **천상** - 명궁에 거문이 있으면 부모궁에는 천상이 있게 된다. 암성 거문의 상황이 좋지 않으면 천상이 형기협인되므로 부모와 사이가 좋지 않게 된다. 반면 재음협인되면 좋다. 화성이 비추는데 좌보 또는 우필이 하나만 비추면 부모가 둘일 가능성이 있다.

⑫ **천량** - 천상이 명궁에 있으면 부모궁에 천량이 있다. 천량은 음덕의 의미가 있으므로 보필이 동궁하거나 명궁 천상에 기회나 예기치 않은 조력을 의미하는 천괴·천월이 비추어야 윗사람의 조력을 얻어서 인생이 순조로울 수 있다. 부모궁에 화성·영성이 동궁하면 부모와 이별한다. 천상은

화령을 싫어하기 때문에 더욱 그렇다. 천량의 고극을 해소하는 태양이 묘왕지에 있고 길화가 있으면 성세가 있는 윗사람의 도움이 있다.

⑬ **칠살** - 명궁에 천량이 있으면 부모궁에는 칠살이 있다. 천량은 본래 형극의 성이고 칠살 또한 고극의 성으로 부모를 형극하고 일찍 떨어지기 쉽다. 천량의 본질인 고극적인 성향에 이러한 부모궁의 구조도 한몫하는 것이다.

⑭ **파군** - 파군이 부모궁에 있으면 명궁에는 기월동량과 거일이 있게 된다. 주로 형극하고 집을 떠나거나 양자로 간다. 무곡 혹은 염정과 동궁하면 형상한다. 자미와 동궁하고 길성을 만나면 형극을 면한다. 가장 꺼리는 것은 파군이 독좌하고 화기를 보고 양타가 같이 비추는 것인데, 종신 윗사람의 도움을 얻지 못하고 또 상사가 공을 빼앗는 조짐이 있다.

4부

보좌살성과 사화

14정성은 보좌길흉성과 잡성을 만나서 무한한 성정의 변화와 길흉에 변화가 있게 된다. 14정성을 체로 놓고 이러한 성들은 용으로 삼아 세밀한 변화를 살펴야 할 것이다.
똑같은 정성이라도 만나는 보좌살성·잡성에 따라 천변만화의 변화를 일으키기 때문에 주의 깊게 봐야 한다.

(1) 보성(輔星)

보성이란 의지적인 노력이 없이도 길상이 발현되는 좌보·우필·천괴·천월을 말한다.

① **좌보(左輔)** 좌보는 인정이 많고 불의를 참지 못하는 의기가 있으며 온화하고 신중하며 곧고 바르며 도량이 넓다. 친구나 같은 또래의 귀인의 조력을 의미한다. 자미·천부·태양·태음 등 주성과 배합되는 것을 좋아한다.
길성과 배합되면 풍류적이고 호탕한 사람이 되나, 살성이 충파하면 좋지 않아서 부귀가 오래가지 못한다.
부부궁에 좌보가 있으면 삼자 개입의 상이 있다.
여명이 얻으면 집안일에 수완이 있고, 온화하고 신중하며 현명하고 지혜로우며 부녀자라도 직업여성이 많다.

② **우필(右弼)** 명·신궁에 있으면 단지 강약의 구분만 있을 뿐 어느 궁을 막론하고 도처에서 복을 내려준다. 우필은 좌보와 회합하면서 자미·천부·태양·태음을 만날 때 비로소 그

장점이 가장 잘 표출될 수 있다.

문무에 정통하고 곧고 바르며 기획에 능하나 소심하고 신중한 편이다. 베풀기를 좋아하며 동정심이 풍부하고 책임감이 강하며 타인을 도울 때 실질적인 행동으로 도와준다.

우필성은 진술축미의 사묘지를 제일 좋아한다. 공궁이거나 주성이 함지인 궁에 우필이 단수하게 되면 조상을 떠나거나 서출이 되기 쉽다.

여명도 길성과 회조하면 현명하고 선량하며 지조가 있고 배우자와 자식을 이롭게 하며 직업여성이 많다.

좌보가 명궁에 있으면 비교적 이성적이고 우필이 있으면 감성적이다. 두 성의 보좌하는 성향 때문에 문성을 만나면 문적인 성향을 더해주고 무성을 만나면 무적인 성향을 더해준다.

좌보·우필을 남녀로 구분해 볼 수도 있다. 예컨대 형제궁의 좌보는 남성의 조력이 크고 우필은 여성 형제의 조력이 크며, 자녀궁의 좌보는 남성 후배의 조력이 크고 우필을 보면 여성 후배의 조력이 크다.

③ **천괴·천월(天魁·天鉞)** 과명(科名 : 관직·시험·인사 등)을

주관하고 화합(和合)의 성이다. 천괴·천월을 다른 이름으로 천을귀인이라 하는데, 천괴를 일귀(日貴)라 하고 천월을 야귀(夜貴)라 해서, 천괴는 낮에 태어난 사람에게 이롭고 천월은 밤에 태어난 사람에게 이롭다.

일귀를 양귀(陽貴)라 하여 남자를 의미하고 야귀를 음귀(陰貴)라 하여 여자를 의미하기도 하며, 양귀는 실질적인 도움의 의미가 있고 음귀는 정신적인 도움을 의미하기도 한다. 그래서 천괴가 부모궁에 좌하면 남성 상사의 조력이 있고 천월이 있으면 여성 상사의 조력이 있다.

남녀를 막론하고 천월은 도화성으로 변하기 쉽다. 특히 홍란·천희·문곡·함지·목욕이나 천요를 보면 도화로 변하기 쉽다.

천월이 복덕궁에 있으면 자기가 발탁해준 사람과 감정적인 문제가 발생하기 쉽다.

천괴·천월은 현실적인 귀인이므로 노인이 괴월을 얻으면 쓸데없는 고생이 많아지는데, 늙으면 이용가치가 적어지기 때문이다. 다르게 설명한다면 명에서 괴월을 얻게 되면 젊어서는 타인의 도움을 받는 것이고, 늙어서는 반대로 자기가 다른 사람에게 도움을 주어야 하므로 고생을 많이 한다는 뜻이다.

괴월은 또한 과명(科名)으로 화과·태양·태음·문창·문곡 등의 과성(科星)을 보게 되면 주로 명성을 얻게 되고, 조년에 양명하며 한미한 출신으로 높은 지위에 오르게 된다. 이는 괴월이 과명(科名)인데 다시 과성(科星)을 얻게 되니 과명(科名)이 더욱 더 확실해지기 때문이다.

(2) 좌성(佐星)

보성처럼 자기의 의지적인 노력이 없이도 길상이 나타나는 것이 아니라, 자기의 노력이 없으면 길상이 나타나지 않는 성을 말하는 것으로 문창·문곡·녹존·천마를 말한다.
쉽게 말하자면 공부하지 않으면 창곡의 길상이 드러나지 않고, 돈을 벌기 위해서 뛰어다니지 않으면 록마의 길상이 드러나지 않는다는 것이다.

① 문창·문곡(文昌·文曲)

과갑을 주관하므로 시험이나 각종 고시에 이로운 성이다.
두 성은 모두 예악(禮樂)의 성으로 길하며, 과갑·혼례·경사스러운 일을 주관하고 흉하면 상례를 의미한다.
문창은 의식을 담당하고 규범과 규율을 지키는 것으로, 고대에서는 주로 정상적인 출세로 여겨졌으며 과거를 통해서 이름을 얻는다. 또한 주로 문예를 좋아하고 다방면으로 재주가 있으며 학술이나 이론에 치우친 재주이다.
문곡은 지식·지혜로 논쟁하는 것으로, 고대에서는 주로 비정상적인 출세로 여겨졌으며 과거를 통하지 않고도 출세할 수 있다. 또한 문예를 좋아하고 다방면으로 재주가 있는데, 주로 기예 쪽으로 편향된다. 문창·문곡이 모두 총명과 재주를 주로 하지만 좌성(佐星)에 속하기 때문에 반드시 자기 노력이 있은 후에야 비로소 성공할 수 있으며 노력이 없다면 단지 영리함으로 그칠 뿐이다.

② 녹존(祿存)

천록성(天祿星)이라고도 하며, 금상첨화의 길성으로, 귀(貴)와 작(爵)을 관장하며 수명의 기틀이 되는 성이다. 주로 재물과 지위를 의미하며 재앙을 풀고 좋게 변하게 하는 힘이 있다.

어떠한 성을 만나든지 모두 좋은데, 격국이 좋은 경우 더욱 더 역량을 좋게 발휘하는 힘이 있고, 살성이 있거나 격국이 좋지 못할 때에는 재앙을 줄이는 힘이 있다.

단수하면 양타의 협을 받기 때문에 성격이 극히 보수적이며 교제를 좋아하지 않고 독립성이 강하며 고독을 면치 못하고, 두 성(姓)을 갖게 되거나 수전노가 되기 쉽다.

녹존성은 후중한 성으로, 특히 파군·거문의 사악한 기운을 해액한다.

녹존성과 화록성이 동궁하게 되면 재가 더욱 풍부하게 되고, 녹은 반드시 천마가 있어야 하기 때문에 천마가 동궁하게 되면 '록마교치(祿馬交馳)'라 하며 명리(名利) 모두에 좋다.

공망·파쇄·화기 등의 성과 만나게 되면, 재원이 감소하여 부로 논할 수가 없게 된다.

③ 천마(天馬)

천마는 역마성으로 움직이기를 좋아하며 외향적이고 현실에 불안하고 성격이 급하며 변화를 좋아한다.

또 환상이 많아 복덕궁에 들어가면 더욱 실질적이지 못하게 된다. 명궁이나 복덕궁에 천마가 있을 때 화개·창곡을 만나야 비로소 실질적이 되어서 행동을 하게 된다. 주성이 유력한 것을 좋아하고 화권을 좋아한다.

화록이나 녹존을 만나는 것을 좋아하며, 운한에서 만나도 역시 길하여 명리(名利) 모두 이롭다. 녹이나 마는 작록의 근본이 되므로 공망에 떨어지는 것을 꺼리는데, 만나게 되면 항상 분주하고 고생이 많게 된다.

천기·거문 또는 천동·천량이 동궁할 때 화성·천마를 만나면 명궁·복덕궁·사업궁·재백궁을 막론하고 투자·투기에 크게 불리하다.

육친궁에서는 천마를 싫어하는데, 주로 인연이 박함을 의미한다.

천마는 화기를 대궁에서 보는 것을 싫어한다. 고인은 이런 조합이 되면 얼굴을 깎고 죄수라는 글자를 새기는 형벌을 받는다고 하였다.

(3) 살성(煞星)

살성이란 일반적으로 육살성(六殺星)이라고 부르는 경양·타라·화성·영성·지공·지겁의 6개 성을 말한다. 이 6개의 성은 명반상에서 흉의(凶意)를 가져다주기도 하고 충격과 격발을 주기도 한다.

① 경양(擎羊)

경양을 다른 이름으로 양인(羊刃)이라고도 한다.
뒤에 나올 타라과 함께 대살성(大殺星)의 하나로, 다른 성에 비해서 파괴력이 크다. 성격이 거칠고 난폭하며 대화에 있어서 칼 같은 예리함이 있으며, 이기려고 하는 마음이 강해 적을 만들기 쉽고, 충동적이기 때문에 다른 사람과 다툼이 많으며 변동이 심하고 극단적인 면이 강하다.

인(刃 : 칼날 인)이란 칼을 의미하기 때문에 대체로 무관직, 현대에서는 경찰, 군인, 교도관, 헌병, 외과의사, 재단사, 이발사 등에 좋고 문인에게는 좋지 않다.

현대사회에서는 경양이 문성을 띠면 문화 관련 업종, 예를 들어 컴퓨터 유지보수·건축설계·미술설계 등의 직업 등으로도 나타난다. 설계에는 칼·필·자 등을 사용하는데, 살(煞)의 의미를 띠고 있기 때문이다.

화성과 진술축미의 사묘지에서 동궁하면 권위가 출중하다. 경양이 타라와 더불어 화기를 협하면, 즉 녹존이 화기와 동궁하면 양타협기(羊陀夾忌)의 패국이 되어 일생 빈천하고 파동이 많다.

경양이 본궁에 있으면 경우에 따라서는 권력을 대표하기도 하나, 천이궁에서 대조(對照)하는 것을 가장 꺼린다. 본궁에 있으면 자기 손 안에 칼이 있는 것과 같아서 권력이 될 수도 있으나 천이궁에 있으면 칼이 정면으로 자기를 향하기 때문에 일종의 위협이 되기 때문이다. 그러나 이것은 경양만을 가지고 설명한 것으로, 경양이 본궁에서 화성·영성 등 다른 살성과 동궁하면 과유불급이 되어 오히려 살(煞)의 해를 입는다.

② **타라(陀羅)**

타라가 명궁에 있으면 육친과 인연이 박하며 조상의 터를 떠나고 일생 시비가 많으며 암중의 소인의 피해를 당한다. 형상(刑傷)·성패·기복이 많으며 일시적으로 발달한다 해도 끝내는 실패하게 된다.

묘왕평한함을 불문하고 주로 정처가 없어 안정되지 못한다.

다시 화성·겁공이 동궁하거나 회합하게 되면 두 부모를 모시거나 혹은 양자로 가거나 배다른 형제가 있을 수 있다. 함지에서는 입술이나 치아를 다치며 조상의 유업을 없애나, 진술축미년생이면서 타라가 묘왕지가 되는 진술축미궁에 좌한다면 오히려 복이 될 수도 있다.

탐랑과 동궁하게 되면 풍류채장(風流綵杖)의 격국이 되어 주색으로 인하여 망신한다.

태양이나 태음과 동궁하게 되면 남녀 공히 배우자를 극하기 쉬우며, 또 눈을 상하기 쉽다.

거문과 동궁하면 시비가 극중하며 여명은 간사하고 음탕하며 첩이 된다.

③ 화성·영성(火星·鈴星)

남두의 조성(助星)이자 대살장성(大殺將星)으로 흉악한 일을 주관한다. 경양·타라와 함께 사살(四殺)이라 하여 흉하게 본다.

같은 살성이지만 화성은 명(明), 영성은 암(暗)의 성질이 있다. 즉 화성은 현상에서 길이든 흉이든 분명하고도 눈에 띄게 나타나지만, 영성은 잘 모르게 눈에 보이지 않게 지구적으로 나타난다.

화성·영성은 쌍성이므로 두 성이 어느 궁을 협하거나 영향을 주면 좋지 않다. 특히 화령이 명궁을 협하면 패국(敗局)이 되는데, 주성이 묘왕지이면 남의 질시를 받거나 다른 사람의 견제를 받는 정도로 나타날 뿐이지만, 함지이면 성패가 많고 발전이 없다. 명궁에 악살이나 화기·공망이 있으면 크게 흉하다.

화령은 유독 탐랑을 좋아하여 만나면 화탐·영탐격이 형성되어 횡발하게 되며, 화성이 경양과 묘왕지에서 만나거나 영성이 타라와 묘왕지에서 만나면 이살제살(以殺制殺)이 되어 혁혁한 성취가 있게 된다. 화성이 경양과 거문을 만나면 거화양격(巨火羊格)이 되어 자살하는 격국이 되고, 영성이 문창·타라·무곡과 만나면 영창타무(鈴昌陀武)라 하여 역시 자살하는 격국이 된다.

화성·영성은 명궁에 정성이 없으면서 부모궁이 좋지 않으면 어릴 때 부모에게 버림받거나 두 부모를 모시게 된다.

④ 지공·지겁(地空·地劫)

지공은 공망의 성으로 주로 재앙이 많고 재를 모으지 못하며, 지겁은 겁살의 신으로 주로 파재·고독·불안정·감정불리의 의미가 있다.

지공은 환상이나 이상적인 경향이 있어 정도를 행하지 않아 전통에 반하는 경향이 있고, 지겁은 정도를 행하지 않고 사벽한 일을 좋아하며 조류에 반하는 사상이 있다.

지공·지겁은 재정적인 면에서 가장 흉한 성으로, 양타·화령보다 흉하다. 겁공은 염정이나 천부를 만나는 것을 싫어해서 어떤 상황이든지간에 반드시 파재한다.

지공은 정신적인 측면에서 더 불리하고 지겁은 물질적인 측면에서 더욱 불리한 경향이 있다. 또 지공은 손재가 있더라도 비교적 자발적인 손재의 의미가 크고, 지겁은 피치 못할 손재의 의미가 크다.

겁공이 모든 면에서 불리한 것이 아니고 수행자나 출가자·정신적인 일에 종사하는 사람·연구자들에게는 길하게 작용하기도 하니 꼭 나쁘게만 볼 것이 아니다. 또 록권과와 육길성을 보지 않아도 성공하고 발달하는 특수한 명격이 이뤄질 때, 천형·화령과 겁공이 조합되어 이뤄지기 때문에 잘 살펴야 할 것이다.

(4) 사화(四化)

사화는 엄밀한 의미에서 성은 아니다. 다른 성과 달리 사화에 모두 변화(變化)의 '화(化)' 자가 앞에 붙어 있는 것으로 이 네 성들의 속성을 알 수 있다.

즉 화록은 록으로 화하게 하고, 화권은 권으로, 화과는 과로, 화기는 기로 화하게 하는 성질을 가지는, 일종의 촉매제 역할을 하는 기운이다. 편의상 성의 범주에 넣어서 사용하기는 하나, 성과 같은 것으로 볼 수는 없다.

사화는 화(化)하게 하는 매개체(각 십간에 배당되는 특정 정성이나 보좌성)에 붙어서 그 매개체의 속성을 록·권·과·기 적인 성질로 변화시키는 작용을 한다.

십간사화를 찾는 표

年干 四化	갑년	을년	병년	정년	무년	기년	경년	신년	임년	계년
化祿	염정	천기	천동	태음	탐랑	무곡	태양	거문	천량	파군
化權	파군	천량	천기	천동	태음	탐랑	무곡	태양	자미	거문
化科	무곡	자미	문창	천기	우필	천량	태음	문곡	좌보	태음
化忌	태양	태음	염정	거문	천기	문곡	천동	문창	무곡	탐랑

갑염파무양(甲 廉 破 武 陽)   을기량자월(乙 機 梁 紫 月)
병동기창염(丙 同 機 昌 廉)   정월동기거(丁 月 同 機 巨)
무탐월필기(戊 貪 月 弼 機)   기무탐량곡(己 武 貪 梁 曲)
경일무음동(庚 日 武 陰 同)   신거일곡창(辛 巨 陽 曲 昌)
임량자보무(壬 梁 紫 輔 武)   계파거음탐(癸 破 巨 陰 貪)

천부·천상·칠살의 세 별에는 녹권과기가 붙지 않는다. 그러므로 대궁이 인동되면 같이 인동되는 경우가 많다.

(1) 화록(化祿)

녹존을 좋아하며, 보게 되면 첩록(疊祿)·쌍록(雙祿)이라 한다. 천마를 보는 것을 좋아하며, 보게 되면 록마교치(祿馬交馳)라 한다.

길상을 주관하며 새로운 개시나 발생을 대표하고 식록·재록·순조로움·이익 등을 의미한다.

화록이 있으면 총명하고 낙관적이며 반응이 빠르고 친화력이 좋고 원활하다.

① 갑간 / **염정화록** - 돈 버는 데 이로우며 정신적, 심리적으로 만족이 있고 감정이 좋아진다. 대운·유년에서 육친궁에서 만나면 집안사람으로 말미암은 이익이 있다.

② 을간 / **천기화록** - 천기는 변동과 영리함, 교활함 등을 대표하는데, 화록이 되면 금전적인 계획과 구재에 이로우나 돈이 들어왔다가도 금방 나가버리며 활동성이 크다.

③ 병간 / **천동화록** - 자수성가의 상황이 비교적 순조롭다. 천동화록이 수명하면 그 사람이 아이 같다. 조업을 다 없앤

후에 발달한다.

④ 정간 / **태음화록** - 태음은 여성을 뜻하므로 화록이 되면 여성에 접근해서 이익을 얻는 것을 의미한다. 본인이 여성이라면 여성미가 증가한다. 관록궁에 태음화록이 있으면 여성과 합자(合資)하는 것에 이로우며 여자 파트너와 관계가 좋게 된다. 부처궁에서 보면 항상 여인의 돈을 쓰며, 태음이 낙함하면 더욱 그렇다.

⑤ 무간 / **탐랑화록** - 탐랑화록이 되면 자신감이 넘치고 도처에서 접대가 많고 염복이 있으며 취미가 다양하다. 탐랑은 운동을 대표하기도 하는데, 화록이 되면 운동계로 발전해도 성취한다.
탐랑은 신비한 물건을 좋아하므로 화록이 되면 종교방면으로 발전해도 이롭다. 다시 고신·과수를 보면 출가하기 쉽고, 출가한 후 사방의 지기들과 교제한다.

⑥ 기간 / **무곡화록** - 무곡은 재성으로 화록이 되면 재주와 돈 버는 능력이 증가된다. 행동하여 재물을 얻는 일에 가장 좋다. 결단을 잘해 이익을 얻으나 고독한 성향은 변하지 않

는다. 육친궁에 들어가면 이익 때문에 충돌한다.

⑦ 경간 / **태양화록** - 태양은 귀성이므로 화록이 되면 먼저 귀하고 난 뒤에 부자가 된다. 명성과 명예로 돈을 번다. 다만 부처궁 천동에 항상 화기가 붙기 때문에 가정적으로나 개인적으로는 적적함을 안고 있을 수 있다.

⑧ 신간 / **거문화록** - 거문은 암성인데 화록이 되면 물심양면으로 노력과 고생이 많고, 또 많은 노력이 필요한 일로 돈을 번다. 거문·태양성계가 거문화록과 동궁하면 외국인에 의지해 돈을 벌 수 있으며 외지에 나가 장사해도 좋다.

⑨ 임간 / **천량화록** - 일반적으로 천량은 청귀한 성이므로 화록을 싫어해서 화록이 되면 가벼울지라도 재로 인해 번뇌를 초래한다고 하나, 필자의 경험상 천량화록을 보면 큰돈을 버는 경우를 종종 보았다.
다만 천량은 봉흉화길의 속성이 있기 때문에 보험이나 의료업 등 다치거나 괴롭히는 성질로 돈을 버는 것이 좋다. 천량화록이 되면 관청이나 귀인으로부터의 음덕이 있거나 부모의 음덕이 있다.

⑩ 계간 / **파군화록** - 파군화록이면 가장 좋은 구조가 된다. 단 겸업하거나 겸해서 하는 일들로 돈을 번다.

파군이 화록이 되면 파군의 개업이나 창조 등이 주동적이 되며, 변화의 폭이 아주 크거나 크게 돌파할 수 있다.

(2) 화권(化權)

역시 길상(吉狀)을 주관하며 화록의 확대 선상에 있는 기운으로, 권력·행동·실제·반항·위엄과 성망·지위·안정·리더십·패도(覇道)·고집·마찰·양성화·남성화·무직(武職) 등의 의미가 있으며, 강한 성과 만나면 태강해지는 면이 있다. 삼태·팔좌를 만나는 것을 좋아하는데, 만나게 되면 지위가 올라간다.

화권이 음살을 보면 권력을 농단한다. 기월동량격에서 더욱 심하다.

① 갑간 / **파군화권** – 권력이 증가한다. 파군의 화기(化氣)는 모(耗)로 힘을 쓴다는 의미, 다방면의 의미, 추구하는 바가 크고 만족하지 못한다는 의미가 있는데, 화권이 되면 성세가 아주 커진다.

② 을간 / **천량화권** – 천량은 관(官)을 대표하는데, 화권이 되면 고관으로 변한다. 어려움을 푸는 힘도 증대되며 재앙을 초래하는 힘도 감소된다.

③ 병간 / **천기화권** - 화권이 되면 계획을 실행하는 데 있어 안정적이나 다만 겸업하기 쉽다. 화령을 꺼려서 만약 보게 되면 조급해지고 성실치 못하게 된다.

④ 정간 / **천동화권** - 천동은 자수성가를 대표하므로 화권이 되면 성취가 그전보다 크게 된다. 육친궁에서 보면 좋다. 주로 좌절을 만난 후에 식구들의 감정이 더욱 좋게 된다.

⑤ 무간 / **태음화권** - 태음은 계획을 대표하는데, 화권이 되면 계획에 순조로우며 판단력이 있고 여성으로 인해 권력을 얻는다. 여성이라면 배우자를 다루는 재주가 있다. 낙함한 태음이면 간계(奸計)를 쓴다. 입묘하면 재권이 있어 회사자금을 움직일 수 있으므로 재경계나 은행 등에서 일하는 것이 유리하다.

⑥ 기간 / **탐랑화권** - 탐랑은 교제나 접대를 좋아하고 신비한 사물을 좋아하는데, 화권이 되면 그러한 성질이 구체화 되므로 연구나 운용 등에 좋다.

⑦ 경간 / **무곡화권** - 무곡은 재성이므로 화권이 되면 행동

으로 돈을 버는 것에 이로우며 재권을 쥐나, 매사를 직접해야 하기 때문에 고생스럽고 육친에 불리하다.

⑧ 신간 / **태양화권** - 태양은 귀성이므로 화권이 되면 존귀함으로 인해 권력을 얻고 군중에게서 권력을 얻는다. 태양은 남성이므로 화권이 되면 남성의 조력이 증대된다. 태양화권이면 전문적인 상품을 취급하거나 대리점 등에 좋다. 여명은 좋지 않은데, 태양 자체가 남성을 빼앗는 의미가 있고, 화권이면 그런 경향이 강화되어서 성격도 남성화할 뿐만 아니라 약간의 살성이 더해지면 남성 육친의 형극이 강하게 되기 때문이다.

⑨ 임간 / **자미화권** - 화권이 붙으면 리더십 결단력 주관, 이기심, 고집 등을 증가시킨다. 자미화권이 되면 재백궁 무곡화기가 복덕궁에 영향을 주어 생각이 짧게 변하고 치밀하지 못하며 지나치게 자신하고 잘난 체한다.

⑩ 계간 / **거문화권** - 거문화권이 되면 설득력이 있으며 권력을 휘두르기 좋아하기 때문에 시비나 투기가 생기기 쉽고, 권력을 잡으면 잡을수록 더욱 시비가 많아진다. 암성이

화권이 되는 것이니 암중으로 권력을 잡는다.

(3) 화과(化科)

길상을 주관하며, 지(智)·과명(科名)·학술·전파·명예 등을 주관한다. 화과가 있으면 온화하고 모략이 있다.

주성의 화과를 가장 좋아한다. 명궁에 화과가 있고 낮에 태어난 명이면서 태양이 입묘한 궁으로 가면 길하다. 유년·대한 모두 이름이 크게 난다. 만약 태양이 낙함한 궁으로 가면서 살기를 보면 명예 손상이 있다. 명궁에 화과가 있고 밤에 태어난 명이면서 태음이 입묘한 궁으로 가도 명성이 있다.

① 갑간 / **무곡화과** – 무곡은 재성으로 실제적인 행동으로 명예가 생기는 것을 의미하고 재무상의 신용과 명예를 의미하는데 무곡화과가 되어도 역시 국한성이 있어 영향 범위가 비교적 적다. 여명은 유부남이 따르기 쉽다.

② 을간 / **자미화과** – 화과를 만나더라도 자미의 기본 성질은 변하지 않으나, 고군이면서 화과가 되면 오히려 간교하게 변한다. 자미화과가 수명하면 노복궁의 삼방사정에서는 반드시 태음화기를 보게 되므로 친구가 적고 고독해진다.

③ 병간 / **문창화과** - 문창은 학술을 대표하고 과거를 통해서 출세하는 것을 의미하는데, 화과가 되면 이름이 더해지고 글씨나 문학에 뛰어난 재능이 있다. 문창화과는 한쪽으로 집중적으로 발전을 꾀한다면 반드시 이루는 것이 있게 된다.

④ 정간 / **천기화과** - 원국에서 천기화과를 만나는 것보다 대운이나 유년에서 보는 것이 좋다. 원국의 화과는 천기의 경박함을 증가시키고 외화내빈하며 잡학에 능하게 하고 잔머리를 잘쓰게 하나, 운에서 만나는 천기화과는 오히려 재주를 드러내게 한다.

⑤ 무간 / **우필화과** - 우필은 감성적이며 여성적인 별로 보이지 않게 도움을 주는 것이 더 많아진다.

⑥ 기간 / **천량화과** - 천량은 청렴한 성으로 화과가 되면 아주 좋아서 주로 청렴한 명예가 있다. 관찰력이 좋으며 놀랄 일이 있다가 전보다 더 좋아진다. 화과는 이름이 나는 것이고 천량은 음(蔭)이 되므로, 정부에서 일하거나 다른 사람의 신임을 받거나 발탁 등을 받는 일에 이롭다.

⑦ 경간 / **태음화과** - 명망에 이롭고 재원이 좋으며 계획에 이롭다. 장구한 발전에 이롭다. 반드시 한 가지 행업 중에서 이름을 드러내며 크게 유리하다. 전문업으로 돈을 버는 것이 좋다. 태음화과는 모든 일에 낙관적이고, 여성과 인연이 있다.

 * 계간과 함께 태음화과이며, 천부화과를 쓰는 경우도 있다.

⑧ 신간 / **문곡화과** - 문곡은 이과 속성으로 이과나 제조·공정(工程) 등의 방면에서 발전한다. 태음·문곡은 구류술사가 되는데, 화과가 되면 성취할 수 있다.
자미·칠살은 문곡화과를 좋아하지 않는다. 화과가 되면 한쪽으로 치우치게 되고 나서기는 좋아하나 성실하지 못하게 된다.

⑨ 임간 / **좌보화과** - 일을 처리하는 효율과 표현능력을 증가시킨다. 보좌성이기 때문에 다른 사람을 돕다가 본인이 간접적인 수확을 얻게 된다.

⑩ 계간 / **태음화과** - 명망에 이롭고 재원이 좋으며 계획에

이롭다. 장구한 발전에 이롭다. 반드시 한 가지 행업 중에서 이름을 드러내며 크게 유리하다. 전문업으로 돈을 버는 것이 좋다. 태음화과는 모든 일에 낙관적이고, 여성과 인연이 있다.

(4) 화기(化忌)

흉상(凶狀)을 주관하며 장애·시비·좌절·불순·결점·불량함·모자람·실패 등을 주한다. 화기가 좌하면 좋지 않은 변동과 장애·간섭이 있고 실수나 착오를 하기 쉽다.

화기가 좌하면 그 성정이 냉정하다. 천동화기는 예외로 주로 의지박약함을 의미한다.

① 갑간 / **태양화기** – 태양은 군중을 대표하는데, 화기가 되면 군중으로부터 접수되지 못함을 의미한다. 명궁에서 보면 인연 없음을 의미하므로 꺼린다. 축미궁에서 일월이 동궁할 때 태양화기면 갑상선에 문제가 있는 경우가 많은데, 특히 여명에서 많이 본다.

장자나 장형에게 불리하며 감정적으로 손해가 있거나 사기 당하기 쉽고 남성으로부터 폭행을 당하기 쉽다.

태양화기는 남성의 불리함을 뜻하는데, 만약 부처궁에 있으면 여명은 남자로부터 부담을 받고 남명은 자신에게 재난이 있게 된다.

② 을간 / **태음화기** – 태음은 여성의 성으로 아름다움과 예

술을 대표한다. 화기가 되면 두 가지 특징을 다 잃어버린다. 태음화기가 되면 미색에 유혹받거나 음침한 성질의 물건에 유혹받는다. 예를 들어 금전이라면 투자에 불리하고, 눈앞에서는 유리하나 결과는 모두 실패로 돌아가게 되며, 또 그 실패가 수년간 영향을 주게 되는 것은 태음에 지연의 의미가 있기 때문이다.

여명의 부처궁에 태음화기가 있으면 그 희기의 성질은 배우자가 아니라 여명 스스로에게 나타난다. 이는 태음이 여성을 의미하기 때문이다.

③ 병간 / **염정화기** – 염정은 피를 의미하므로 화기가 되면 피를 보는 재앙이 있다. 다시 무곡화기를 보면 사망하기 쉽다.

염정은 또 감정을 의미하므로 화기가 되면 마음의 상처가 있다. 이 외에 예술적으로 뜻을 잃거나 사고 성병 등의 의미도 있다.

④ 정간 / **거문화기** – 거문은 구설·시비를 대표하는데, 화기가 되면 시비가 더욱 엄중해진다. 관부·영성을 만나면 관재가 있다.

복덕궁에 들어가면 정신적인 근심과 비관이 많다.
남녀 모두 비뇨기관에 문제가 생기기 쉽다.

⑤ 무간 / **천기화기** – 천기는 계획이 되므로 화기가 되면 계획과 장사에 불리하다. 천기는 모사와 같은데, 화기가 되면 황당한 일이 생기기 쉽고 작은 실수로 일을 그르치게 되거나 계획 착오가 있다. 천기는 팔다리를 대표하므로 화기가 되면 팔다리를 다치기 쉽다.

⑥ 기간 / **문곡화기** – 문곡은 행동을 대표하는데, 화기가 되면 행동이나 실행상 착오가 있게 된다. 문곡화기가 태보와 더불어 복덕궁에 있으면 절도(竊盜)하는 경향이 있다. 유년에서 문곡화기를 보면 숫자에 대한 착오나 구두 약속의 착오가 있기 쉽다.

⑦ 경간 / **천동화기** – 천동은 복성인데 화기가 되면 복을 누릴 수 없다. 명궁과 부처궁에 있으면 좋은 혼연(婚緣)이 나쁘게 변한다. 복덕궁에 화기가 있으면 고민·공허·적막하게 되며, 복이 있어도 누리지 못하고 환상이 많게 된다.

⑧ 신간 / **문창화기** - 문창은 사고(思考)를 대표하고 문곡은 행동을 대표한다.

문창화기가 되면 시험에 불리하고 문서상의 착오가 있게 된다. 문창은 예악(禮樂)의 성이므로 화기가 되고 길한 정성이 없으면서 상문·백호를 만나면 상(喪)을 당한다는 의미도 있으니 유심히 살펴보라.

⑨ 임간 / **무곡화기** - 무곡은 재성이므로 화기를 아주 꺼린다. 재백상의 손실과 행동상의 손재를 의미한다.

무곡은 더욱 생각이 짧아지고 작은 일로 극히 긴장하며 냉정하지 못하게 된다. 남명의 부처궁에 무곡화기가 있으면 성생활에 문제가 있으며, 배우자에게 형극이 있는 것이 아니라 자기 자신에게 형극이 있다.

⑩ 계간 / **탐랑화기** - 탐랑화기가 되면 기호가 감소하고 경쟁에서 이로움을 잃으며 사랑하는 것을 빼앗기는〈奪〉의미가 있다. 부모궁에 있으면 두 부모가 있을 수 있고 윗사람으로부터 압제를 받기 쉽다. 경쟁성의 장사는 하지 않아야 한다. 그렇지 않으면 다른 사람에게 자기가 좋아하는 것을 뺏기게 된다.

5부

잡성

잡성이란 14정성과 보좌성을 제외한 모든 성을 말한다. 14정성과 보좌성·살성과 같이 있으면서 길을 더욱 더하거나 흉을 더욱 강화시키는 작용을 하며, 때로 정성과 결합하여 특수한 의미로 전화(轉化)하거나 정성의 본질을 고양시키거나 감소시키는 역할을 한다.

자미두수를 자세히 보기 위해서는 잡성에 대한 이해가 필수이므로 소홀히 하지 말아야 한다.

(1) 형요성(刑姚星)

천형·천요는 잡성으로 분류하기에는 작용력이 큰 성이나, 분류상 잡성의 범주에 포함한다. 천형·천요를 필자 나름대로 통칭하여 형요성(刑姚星)이라고 이름했다.

① 천형(天刑)

천형은 태양의 정(精)으로 남자를 의미하며 의약이나 관재·고극·형(刑)의 일을 담당하므로 육친궁에 있는 것을 좋아하지 않는다. 길하게 작용하면 천희신(天喜神)이라고 부르기도 하는데, 입묘하면 권위로 나타나고 학문으로 성취가 있게 된다.

천형은 형(刑)의 본질 때문에 법과도 관련이 많은데, 태양성과 천형이 묘왕지에 있게 되면 법관·변호사·경찰·군인 등이 되기도 한다. 그러나 관재를 의미하는 염정 또는 거문이 함지에 있으면서 살을 만나게 되면 오히려 소송이나 관재구설에 휘말리게 된다.

천형이 홍란이나 염정을 보면서 살을 만나면 다치거나 수술의 암시도 있게 된다. 대체로 명궁이나 육친궁에서는 육친과의 인연이 박하거나 육친의 형극을 뜻하게 된다.

② 천요(天姚)

천요는 주로 애모(愛慕)나 도화를 의미하며 풍류성(風流星)이라고 부르기도 한다. 남녀의 생리적인 욕구와 욕정을 상징하여 천요가 좌명하면 풍류와 음탕한 일이 있을 수 있다고 보지만, 천요가 묘왕지에 있으면 학술연구 방면으로 재능을 발휘하게 된다.

천요가 함지에서 악살을 만나게 되면 여성으로 인하여(천요는 태음의 精으로 여성을 상징) 손재하고 실패하거나, 심하면 주색으로 인하여 분규가 발생하고 관재소송까지 가게 된다.

천요는 둘이 하나로 합해진다는 의미가 있다. 천요가 복덕궁에 있으면 두 가지 성격의 의미가 있고, 관록궁에 있으면 두 가지 일 또는 두 가지 일을 통합하는 것을 뜻하며, 질액궁에 있으면 두 가지 질병의 의미가 있다.

(2) 공망성(空亡星)

천공(天空), 순공(旬空), 절공(截空)

이 세 성은 모두 공망성이다. 지공·지겁이 있는 상태에서 이러한 공성(空星)들이 비추면 지공·지겁의 역량을 증폭시킨다. 만약 지공·지겁이 없으면서 이 성이 비춘다면 공망의 역량이 약한 것으로 본다.

세 성 모두 환상적인 경향이 있으며, 재적으로 불리해 재성이나 재백궁에 동궁하는 것은 좋지 않다.

천공보다는 순공이, 순공보다는 절공이 더욱 좋지 않으며, 이중 절공은 록마교치의 속성을 약화시키고 갑작스런 간섭이나 장애의 의미가 있다.

지공과 지겁의 속성을 구분하면서, 지공은 재물에 대한 관심 부족이나 재물에 대한 욕심이 없는 것을 뜻하고, 지겁은 외부에서 재물을 겁탈당하는 뜻이라고 설명했다. 천공이나 순공은 지공과, 절공은 지겁과 그 의미가 유사해서 천공이나 순공이 절공에 비해 그 해가 적다고 한 것이다.

(3) 백관조공성(百官朝拱星)

잡성 중에서 백관조공의 역할을 하는 잡성을 백관조공성이라는 제목으로 정리했다.

① **삼태(三台)·팔좌(八座)** 두 성 모두 자미를 돕는 보좌성으로 좌명하거나 삼방에서 비추게 되면 사회적인 지위가 있으며, 조년에 만나면 고시에 유리하다. 짝으로 같이 만나는 것을 좋아한다.

삼태는 태양의 부하이고 팔좌는 태음의 부하가 되므로, 태양·태음을 만나면 일월의 광휘를 증대시키며, 자미를 만나도 자미의 명예를 높여주게 된다.

② **은광(恩光)·천귀(天貴)** 은광은 천괴성을 보좌하는 성으로 천괴와 동궁하게 되면 천괴의 작용이 증대된다. 천귀는 천월(天鉞)을 보좌하는 성으로 천월과 동궁하면 천월의 작용이 증대된다. 두 성 다 문장으로 발달하며 다재다예하고 일생 귀인의 접근이 많으며 명성을 얻게 된다. 명·신·관록궁에

좌하게 되면 특별한 은총을 받는다.

은광·천귀가 명·신궁에서 회합하면 신용이 있고 언행일치하며 일생 덕망을 얻는다.

③ **태보(台輔)·봉고(封誥)** 태보·봉고는 짝성이다.

태보는 좌보의 역량을, 봉고는 우필의 역량을 증가시킨다. 그러므로 보필이 그렇듯이 태보와 봉고도 격을 높이고 사회적인 지위를 증가시킨다. 그러므로 모두 귀(貴)를 주관한다. 귀를 주관하므로 귀를 주관하는 정성이나 보좌성, 예컨대 자미·태양·천량·천상·괴월·창곡·화과 등을 만나는 것을 좋아한다. 만약 부를 주관하는 정성, 예를 들어 태음·천부·무곡 등과 만나면 주로 부(富)로 인해 사회지위를 얻는다.

정성·잡성을 막론하고 짝성은 같이 만나야 역량이 있는데, 태보·봉고도 짝성으로 만나야 힘이 있다.

백관조공의 성들은 상당부분 도화성을 만나면 도화로 화하는 경향이 있는데, 태보·봉고도 마찬가지다. 도화성과 동궁하면 주로 도화의 역량을 돕는데, 이럴 경우에는 귀로 논하지 않는다.

④ **용지(龍池)·봉각(鳳閣)** 용지·봉각은 짝성으로 재예(才藝)를

주관한다. 천재·창곡·화과 등을 보는 것을 좋아한다.
소년시에 이 두 성이 삼방에 있거나 대궁에 있거나 동궁하면 주로 고시에 순조롭고, 중년에서 만나면서 천부·천상과 만나게 되면 상류사회에 진출하기 쉽다. 또한 이 두 성은 의학이나 철학·명리 등의 술수와 관련되며, 특히 탐랑이나 거문·기량과 회합하게 되면 말재간도 있고 재능도 있게 된다.
용지가 명궁에서 살파랑 성계와 만나면 주로 귓병이 있는데, 예를 들어 귀가 짝짝이거나 중이염이 있을 수 있다.
봉각이 명궁에서 살파랑 성계와 만나면 주로 콧병이 있다.

(4) 사선성 · 삼덕성 · 길성

천관·천복·천재·천수 네 성을 아울러 사선성이라 이름한다.

(1) 사선성(四善星)

① **천관귀인(天官貴人)** 천량을 주로 보좌하는 성이다.
주로 현달을 의미하며 맑고 귀하다. 천량과 동궁하게 되면 공직에 종사하거나 혹은 특무라든가 정보공작·비밀첩보업무 등 조사업무에 종사하게 된다.
격국이 좋으면 중만년에 은퇴한 후 생활이 안락하며 학술 또는 예술로 이름을 날릴 수 있다.

② **천복귀인(天福貴人)** 천동을 주로 보좌하는 성이다. 사회지위가 있으며 일생 일정 이상의 복을 누린다는 의미의 별이다. 주로 중년에 발달하는 성인데, 복수(福壽)·명리(名利)를 의미한다.
여명은 천동성을 좋아하므로 천복과 동궁하면 남편과 자식

을 이롭게 한다.

유년이나 대소한에서 만나게 되면 승진하고, 소년시절은 고시에 이로우며, 장사하는 사람이라면 돈 버는 데 이롭다.

③ **천재(天才)** 재능을 의미한다. 천기성과 동궁하게 되면 다재다능하게 된다. 천재성이 신명에 들어가면서 창곡·괴월과 과성을 만나면 재능이 아주 뛰어나며 이름을 얻게 된다.

④ **천수(天壽)** 수명(壽命)을 주관하는 성이다.

천동과 천량을 만나면 대체로 장수한다.

천재·천수가 삼방에서 천동·천량을 만나게 되면 아주 오래 살거나 지혜가 높다. 좌명하면 의복이나 형태를 비교적 적게 변화한다.

천수가 화개를 만나면 재난이 사라지며, 다시 천량을 만나면 반드시 큰 재앙이 있다가 다시 재앙이 사라진다.

(2) 삼덕성(三德星)

천덕·월덕·용덕을 삼덕성이라 이름한다.

① **천덕(天德)** 천덕은 흉을 길로 화하게 하는 의미가 있기 때문에 살성이나 화기·도화성에 대한 저항력이 있으므로, 명궁이나 身宮에 있는 것을 좋아하며 운에서 만나는 것도 좋다.

천덕은 부친이나 남성의 윗사람의 덕이 있는데, 입묘한 태양이나 천량과 부모궁에서 동궁하면 일생 윗사람으로부터 제휴를 얻거나 돌봄을 받는다.

② **월덕(月德)** 월덕도 역시 살성에 대한 해액 능력이 있으며 길성과 길한 정성과 만나면 금상첨화의 성질이 있다. 또 월덕은 일반적으로 모친·장모·조모로부터 돌봄을 받는 의미가 있다.

③ **용덕(龍德)** 용덕은 삼덕성 중에서 역량이 가장 적다.
자미와 동궁하는 것을 가장 좋아한다. 특수한 영예가 있다. 만약 명궁에 있으면 주인이 일생 중대한 재난에서 피할 수 있다. 용덕이 록마를 보면 배상금의 의미가 있다.

운에서 보면 유산이나 보험배상을 받는다. 공부하는 시기에 관록궁에서 용지가 있으면서 입명하면 장학금을 받는다.

(3) 기타 길성(吉星)
해신·천무·천주를 기타 길성이라는 제목으로 분류한다.

① **해신(解神)** 해신은 분해·분개(分開 : 나눈 다음에 다시 엶)·이별을 주관하며 흉을 길로 바꾸어 주는 성으로 재앙을 해소하고 어려움을 풀어준다. 그러나 부처궁에서 천마와 해신을 보고 살을 보면 부처의 혼인관계를 풀어 이혼하기도 한다. 유년질액궁에서 해신을 보고 경양·천량을 보면 수술한다.

② **천무(天巫)** 천무는 승진이나 승진으로 인한 자리 변동을 의미한다.
대·소한에서 길성(예컨대 녹존·천마 등)을 만나게 되면 주로 승진한다. 또 천무가 좌명하게 되면 종교를 좋아하고 기량을 만나게 되면 일생 종교생활을 즐긴다.
천무는 유전적인 것이나 유산을 의미하기도 한다.

③ **천주(天廚)** 천주는 음식이나 음식 솜씨와 관계된 성이다. 화성이 천주와 동궁하면 음식 솜씨가 좋다. 여기에 재주를 의미하는 천재·용지·봉각이 동궁하면 더욱 그 재주는 탁월해진다.

파군·천주·화성이 동궁하거나 만나면 요리를 잘한다.

또한 천주가 탐랑과 동궁해도 요리를 잘한다.

보좌단성과 천주가 동궁하면서 명궁이나 복덕궁에 있으면 식탐이 있다.

(5) 도화성(桃花星)

도화성으로 일컬어지는 성들을 도화성이라는 제목으로 정리한다.

① **홍란·천희(紅鸞·天喜)** 홍란과 천희는 짝성으로 혼인과 경사스럽고 기쁜 일을 주관한다. 또 홍란은 도화를 뜻하기도 하고, 천희는 식구가 느는 것을 뜻하기도 한다.

정성이 무력한 상태에서 홍란·천희를 보면 도화의 의미가 있다. 예를 들어 자미가 백관조공이 없거나 태음이 실지(失地)인 상태에서 홍란·천희를 보는 것 등이다.

초년에는 주로 혼인과 관련되고, 중년에는 자식을 낳거나 도화 문제가 발생하며, 노년에는 배우자를 잃는 슬픔이 있을 수 있다. 홍란이 재백궁에 있게 되면 투기나 도박과 관련된 재물을 의미한다. 두 성 모두 질액궁에 있으면 주로 피와 관련이 있으므로, 경양이나 파군·칠살 혹은 악살을 보면 주로 피를 보는 재난이 있거나 수술을 하게 된다.

천희는 집안에서 접하는 모든 소식의 의미가 있는데, 결혼

청첩장이나 초대하는 편지 그리고 합격통지서 등의 기쁜 소식뿐만 아니라 법원 출두서·병원 진단서·고소장·명령서 등도 해당한다.

예를 들면 천희성이 있는 운에 삼방에서 문창·문곡이나 화과성이 있게 되면 문서적인 경사가 있는데, 어떤 내용인가 하는 문제는 만나는 잡성으로 결정한다. 하지만 위와 같은 상황이라도 만약 창곡에 화기성이 있게 되면 이혼이라든가 부도 수표, 혹은 많은 파절이 있게 되거나 계약이 깨지는 경우도 발생된다.

② **대모(大耗)** 돈을 쓰는 것을 뜻하는 성이다.

본명이나 운에서 이 성을 만나면 파재를 의미하므로 전택궁이나 재백궁에 있는 것을 싫어한다. 화성·거문과 전택궁에 있으면 화재를 주의해야 하고, 홍란·대모 등이 재백궁에 있게 되면 술·여자·도박으로 파재한다.

운의 부모궁에 있게 되면 부모에게 불길하며, 다시 상문·백호·조객을 만나면 이 해에 부모가 돌아가실 수 있다.

③ **함지(咸池)** 이 성은 실질적인 도화성으로 살성을 만나면 패가하거나 조상의 유산을 탕진하기 쉬우며 술과 도박을 좋

아하게 된다. 특히 여명의 경우 정성의 조합이 좋지 않은데 이 성이 있으면 윤락계로 빠지기 쉬우며 술집 등으로도 빠지기 쉽다.

남명에 함지가 있으면서 녹존이 좌명하게 되면 여성의 금전적인 도움으로 집안을 일으키며, 여명에 함지가 있으면서 좌보·우필·천괴·천월 등의 귀인이 동궁하게 되면 남자에 의탁해서 생활한다.

④ **목욕(沐浴)** 목욕은 명리에서 말하는 십이운성, 즉 장생십이신의 하나다.

이 성도 도화성이기 때문에 기타 도화성을 만나면 도화를 강화시키며, 창곡·화록·녹존과 동궁하면 이성으로 말미암아 돈을 버는 것으로 나타난다.

(6) 고독손모성(孤獨損耗星)

고독·손해·질병·음모·겁탈·소인 등을 의미하는 잡성을 한데 모아 고독손모성이라는 제목으로 분류한다.

① **천곡(天哭)·천허(天虛)** 천곡성은 주로 형극을 담당하는데, 거문과 동궁하면 주로 시비가 발생하거나 자기와 친한 사람이 상을 당하는 일이 발생하게 된다. 상문과 동궁해도 상사가 발생한다.

천허성은 허모(虛耗)의 성으로 소모하고 파패하는 의미가 있으니 명이나 운에서 만나면 성패가 많다. 파군과 동궁하게 되면 이러한 특성이 더욱 더 커진다. 천곡·천허가 육친궁을 협하면 생리사별의 의미가 있고 마음이 상해 눈물 흘리는 것을 주관한다.

② **고신(孤辰)·과수(寡宿)** 고신·과수 모두 고독의 성이다. 부모궁에 있으면 부모에 불리하다. 고독한 정성인 천기·천량·무곡·천상 등과 만나면 더욱 고독하게 된다. 부부궁이나 복

덕궁에 있는 것을 꺼리며, 신명궁에서 고신·과수를 만나도 만혼하며 다시 화개를 만나면 더욱 확실하다.

부처궁에 과수가 있으면 결혼에 불리하나 남녀명에 똑같이 과수가 있으면 오히려 궁합이 맞는다.

남자는 고신을, 여자는 과수를 꺼린다. 고신·과수에 천마가 더해지면 유랑한다. 입명하면 고독하고, 현실에 대한 노력과 기대 등이 부족하게 된다.

③ **음살(陰煞)** 음살은 소인의 함해를 의미하고 무형계(無形界)를 대표하며 일명 소인성이라고 한다. 주로 살성의 어두운 면을 증가시키는 작용을 한다.

음살성으로 귀신과 관련된 문제를 추측하기도 한다. 복덕궁이 좋지 않은데다 음살이 있으면 간사할 소지가 있다.

명궁과 질액궁이 좋지 않은데다 음살이 좌하면 치료하기 어려운 숨은 병이 있기 쉽다. 육친궁에 있으면 육친이 자기에 대해 불성실하다.

④ **겁살(劫煞)** 겁살은 겁탈하는 살이다. 대모(大耗)와 같이 손실의 의미가 있는 성과 만나면 그 의미는 더욱 강해진다.

음살과 만나면 질병의 의미가 더해지는데, 위험하거나 심각한 병에 걸리게 하는 것을 의미하기도 한다.

겁살이 문곡화기와 동궁하면 문곡화기의 문서적인 실수의 암시와 더불어 사기당하는 의미가 커진다.

⑤ **비렴(蜚廉)** 비렴은 학자에 따라서는 소인성(小人星)이라고도 부르며, 또 은나라의 마지막 임금인 주왕(紂王) 시대의 간신의 이름으로 소인을 뜻한다. 도화와 구설을 띠고, 도화성을 만나는 것을 꺼린다.

비(蜚 : 바퀴 비)는 바퀴벌레라는 뜻이 있는데 벌레를 의미한다. 벌레란 광범위하게 뱀·독충·개미·쥐 등을 다 포함하며, 실제로 이 의미를 따서 전택궁에 비렴이 있으면 고인들이 그 집에 벌레가 많다고 판단했다.

또 벌레의 추상적인 의미, 즉 벌레처럼 구는 소인들, 즉 등뒤에서 좋지 않은 비방을 하고 시비가 생기는 뜻이 있다.

⑥ **파쇄(破碎)** 파쇄는 주로 자잘하게 부서지는 것, 정미하고 세미한 것을 주관한다. 그래서 분리되어 나눠지는 것·분석·분리의 뜻이 있다.

예를 들어 파쇄가 복덕궁에 있으면서 상황이 좋으면 정밀하고 세미한 일을 할 수 있다.

이 성은 또 대표적인 상사(喪事)를 주관하는 별로 백의살(白衣殺)이라고도 하는데, 운에서 상문·조객이나 거문·대모 등이 내회하게 되면 집안의 어른이나 친척이 상을 당할 수 있다.

파쇄가 괴월을 만나면 범사가 어느 정도 이루어진 후에 패함이 있으며 일의 진행 중에 문제가 발생하는데, 만약 부부궁에 있게 되면 일단 남녀 문제나 혼인에 있어서 어느 정도 진행되다가 다툼이나 문제로 인하여 헤어져 버릴 수 있다.

⑦ **화개(華蓋)** 고고하여 무리와 어울리지 못하는 성향이 있는 성으로, 이 성이 좌명하면 중년이나 만년에 정신적인 방면에서 고독해지는 의미가 있으며 고신·과수를 같이 만나면 더욱 그렇다.

공망을 만나게 되면 종교신앙에 관심이 많다.

또 화과나 문창·문곡·천괴·천월 등을 만나게 되면 문필이 좋고, 살성을 보면 기술이나 기예로 일생을 보내게 된다.

화개가 천무를 만나면 미신을 주관하므로 사이비종교에 빠지기 쉽다. 화개가 록·천량을 만나면 어느 궁에 있든지 간에 구사일생하는 일이 있다.

⑧ **천월(天月)** 천월은 질병성으로 아주 확실한 효험이 있는 잡성이다.

대한이나 유년에서 천월·병부·홍란·천희·천형 등의 질병성이 보이면 그 운에서는 질병을 조심해야 하며, 확실하게 증명된 일이 많다. 보통 만성병을 뜻한다. 천기와 만날 때 가벼우면 자폐 증상이 있고 중하면 정신병이 있다.

태양이나 천량과 만나면 반드시 약물과 관계가 있는데, 길성이나 길한 사화를 만나면 약과 관계된 업을 하거나 의사가 된다.

⑨ **천상(天殤)·천사(天使)** 이 천상·천사는 배합상 항상 선천노복궁·선천질액궁에 고정적으로 배치되므로 항상 선천천이궁을 협하고 있다.

천상은 허모(虛耗)의 신으로 파모를 주관한다.

천사는 재화(災禍)로 화하므로 재화를 주관하며 하늘에서 전달의 역할을 담당하는 성이다.

『전서』에 보면 "운에서 천상을 만나 공자가 진땅에서 양식이 끊겨졌고, 천사가 운에서 있어도 다 꺼리는데 이런 운에 거부였던 석숭이 파가해 망했다"고 되어 있다.

필자의 경험으로도 사망이나 심각한 사고·질병 등에는 이런 궁들이 걸리는 것으로 보아서 전적으로 고인의 말을 부인할 수 없었다.

(7) 장생십이신(長生十二神)

태어나서 죽고 묻히는 것을 12과정으로 나눈 것으로 제일 첫 과정인 장생을 따서 이름을 지었다. 장생십이신은 궁의 기운의 성쇠를 대표하는 것이기 때문에 정성의 왕쇠, 궁의 왕쇠 등에 예상보다 큰 작용을 한다. 특히 같은 성이 같은 궁에 좌하더라도 어떤 십이운이 좌하느냐에 따라서 성격적인 경향이 판이하게 달라지는 경우도 여러 번 경험하였으며, 심지어는 격국의 고저에도 영향을 미치는 경우도 경험하였다.

『심곡비결』에는 이 장생십이신을 매우 중요하게 취급하고 있는데, 이는 장생십이신이 보기보다 중요하기 때문이다.

① **장생(長生)** 발생의 의미가 있다. 십이궁 어느 궁이든 모두 길하다. 입명하게 되면 온화하고 총명하며 장수한다. 활동력이 강하고 항상 움직이며 매사를 직접 해야 한다.

② **목욕(沐浴)** 태어나서 씻는 것으로 도화의 의미가 있으며

낭만적인 성질이 있다. 대체로 남성과 관련이 많으므로 이성으로 인한 파재나 실직 등의 상황이 생기기 쉽다.

③ **관대(冠帶)** 벼슬하여 복장을 갖추는 것으로 주로 희경(喜慶)을 의미하며 모든 궁에서 길하다. 입명하면 대체로 명망과 권위가 있으나 이해타산적이다.

④ **임관(臨官)** 벼슬하여 보직을 맡는 것으로, 십이궁 모두 좋아하고 좌명하게 되면 자수성가하고, 조년은 대체로 불순하나 중년 혹은 만년에 이름이 있다. 관록궁이나 재백궁에 길화가 있으면 권력이나 재적으로 장대하다.

⑤ **제왕(帝旺)** 벼슬이나 삶의 정점에 오른 것으로, 입명하면 대체로 오기가 있어서, 일처리에 있어 독자적으로 하고 남에게 머리 숙이길 싫어한다. 노복궁이나 형제궁에 있는 것은 좋지 않다. 자기가 다른 사람보다 약하므로 합작하는 것도 불길하다. 자녀궁에 있으면 자녀나 믿었던 후배가 반발한다.

⑥ **쇠(衰)** 기가 점차로 쇠해짐을 의미하며 명·신궁에 있으면

생기가 없다.

⑦ **병(病)** 기가 하강한 후 신체에 점차 병이 듦을 의미하는데, 명성에 좋지 못하고 환상이 많고 일처리에 있어서 야무진 경향이 없으며 초년이나 말년에 중병에 걸릴 수 있다.

⑧ **사(死)** 병 다음의 운으로 병이 있는 연후에는 사망의 기회가 증가하는데, 명이나 운에서 사지에 들면 관재나 파재·질병이 발생하기 쉽다.

⑨ **묘(墓)** 사람이나 사물이 죽은 후에는 흙으로 돌아가는 것을 뜻한다. 명궁이나 복덕궁에 들어가면 모두 주인이 내향적이 된다.

⑩ **절(絶)** 모든 기운이 끊어져 단절된 것이므로 고독의 의미가 있다. 재백궁에 있는 것은 좋지 않으며, 명·신궁과 대운 모두에서 좋지 않다.

⑪ **태(胎)** 다시 생명체의 형성을 의미하기 때문에 기운은 강하지 못하며, 희망을 의미한다.

⑫ **양(養)** 태어나기 전에 자궁에서 배양되고 키워지는 것을 의미한다. 희망과 잠재력이 무한함을 의미한다.

(8) 박사십이신(博士十二神)

사람이 활동하여 얻는 길흉과 재주의 원인을 12가지로 나눈 것으로, 그 첫 번째인 박사를 들어 이름한다.

① **박사(博士)** 천상(天上)의 귀인으로 좌명하면 총명함과 지혜가 있다. 문필로 이름을 날리며 화과·문창·문곡을 만나게 되면 더욱 더 문필이나 고시로 성취가 있다. 자미·천부·태양·태음의 정성과 동궁하는 것을 좋아한다.

② **역사(力士)** 권성으로 생살의 대권을 장악할 수 있는데, 길성과 만나게 되면 권력을 발휘하는 성이 되어서 복이 된다.

③ **청룡(靑龍)** 기쁜 일을 주관하고 명성·정신향수의 의미가 있다.

④ **소모(小耗)** 천마라 하기도 하고 지모(地耗)라 하는데, 주로 돈을 쓰는 것을 의미한다. 좌명하게 되면 돈을 모으지 못하

며 재백궁·전택궁에 있는 것을 두려워한다.

⑤ **장군(將軍)** 위무(威武)를 주관하며 입명하면 성격이 거칠며 성급하다. 길성이 득지에서 장군을 만나게 되면 크나큰 성취가 있다.

⑥ **주서(奏書)** 대체로 문서의 일과 연관되며 주로 복록이 있다. 명·신·관록궁에서 창곡·일월·괴월과 만나는 것을 좋아하는데, 주로 문서적인 기쁨이 있다.

⑦ **비렴(飛廉)** 고독과 형극을 관장하며 놀랄 일이 발생하고 편안치 않게 된다. 백호를 만나게 되면 그 해가 더욱 크다.

⑧ **희신(喜神)** 길하고 경사스런 일을 주한다. 운에서 도화성과 더불어 만나게 되면 남녀 감정 문제가 발생하거나 결혼 등의 일이 있는데, 천희성과 만나게 되면 더 길하다.
또 희신은 지연을 의미하기도 하여 화기와 동궁하면 일이 지연되고 지체되어 아주 불리해진다. 타라와 비슷한 작용으로 생각해도 좋을 듯하다.

⑨ **병부(病符)** 질병의 의미가 있으나, 질병이 생기려면 반드시 천월(天月)과 형기성이 중첩되어야 비로소 질병이 발생한다. 또 태세십이신의 병부와 중첩되어야 비로소 그 힘이 드러난다. 본궁에 살기가 없고 단지 병부만 있다면 단지 염증을 내거나 냉담함을 의미할 뿐이다. 이 성은 질병 등에 매우 징험한 성이니 유의해야 한다.

⑩ **대모(大耗)** 재를 흩어버리고 잃어버림을 의미한다. 대모가 도화성과 만나면 정욕으로 인해 재물을 허비하게 된다. 경양·염정과 만나게 되면 크게 흉한데, 전택궁이나 재백궁에 있으면 재산을 탕진하고 곤궁함이 크게 된다.

⑪ **복병(伏兵)** 주로 암중으로 타격을 받는 의미가 있으며 구설시비가 있다.

⑫ **관부(官符)** 소송이나 구설을 의미한다. 거문·태양·염정과 함지에서 화기를 만나게 되면 주로 관재 소송이 생기거나 상황이 나쁘면 감옥에 가기도 한다.

(9) 태세십이신(太歲十二神)

태세십이신은 년지인 태세를 기준하여 순서대로 배치하는 것으로, 태어난 생년을 중심으로 매년의 진행에 따라 변해 가는 삶의 모습을 형상화한 것이다.

① **태세(太歲)** 태세(太歲)는 목성의 별칭으로 영원히 년지와 동궁하며, 세건(歲建)이라 칭하기도 한다. 태세와 길성이 동궁하면 주로 일 년이 무사하다.

태세는 소한명궁과 대충되는 것을 좋아하지 않는데, 만약 충되면 '범태세(犯太歲 : 태세를 범했다)'라 한다.

어떤 명반에서는 소한명궁과 영원히 태세가 상충하기도 하는데, 그런 명은 관재나 시비가 더욱 많기 쉽다. 살기가 중첩되면 그러하다.

② **태양(太陽)** 회기(晦氣)라고도 하며 어둡고 침체된 기운을 의미하나 『심곡비결』에서는 이 태양을 매우 길하게 본다. 영원히 용덕과 상대하고 있는데, 용덕과 길성이 동궁하면,

예컨대 유괴·유월·유창·유곡 등과 동회하고 또 유년길화를 보면 회기의 악을 풀 수 있다. 그러나 만약 용덕이 길을 만나지 않고 회기가 도리어 유년악살과 서로 얽혀 있으면 용덕은 그 악을 풀 수 없다.

③ **상문(喪門)** 배치상 백호와 대궁에 놓인다.

역시 언제나 조객과 상회하게 된다. 그러므로 상문이 소한에 있거나 유년명궁·부모궁·전택궁에 있으면 상복을 입을 가능성이 있다. 어떤 명반에서는 상문이 영원히 소한에 있기도 하는데, 이것은 결코 일생 상복을 입는 징조라고는 할 수 없으며 단지 그 사람의 직업이 흉상과 관계있음을 대표할 뿐이다. 예를 들어 장의사·의원·관공서·연구소 등이다.

④ **태음(太陰)** 관삭(貫索)이라고도 하며 작용력이 큰 잡성 중의 하나다. 『심곡비결』에서는 정성의 태음과 함께 매우 길한 성으로 본다.

주로 집착과 변통할 줄 모르는 의미가 있다. 길성과 관삭이 만나면 주로 지연과 착오가 있거나 의외의 손실이 있게 된다. 흉성과 관삭이 만나면 종종 시비나 송사가 있다. 관삭이 천월·천곡·천허와 만나면 만성질병이 있다.

⑤ **관부(官符)** 관부라 함은 사람으로 하여금 통제·금제하는 명령·명령서와 같은 것으로 주로 관재·시비·형법을 의미한다.

단독으로 하나의 관부는 작용이 발생하지 않는다. 그러나 관부는 반드시 태세와 백호와 삼합에서 만나는데, 만약 관부의 궁에 살기가 있으면서 태세궁의 살기와 상충하면 태세가 관부를 범했다고 하며, 유년에서 만나게 되면 관재·시비·형법 문제 등이 있음을 뜻한다.

⑥ **사부(死符)** 소모(小耗)라고도 한다. 박사십이신의 소모와 그 기본성질이 같아서 이 두 개의 소모가 서로 중첩되면 더욱 실물(失物)의 징조가 커진다.

항상 병부와 상대하기 때문에 병으로 인해 파재하는 의의가 있으며, 천월(天月)이 동궁하면 더욱 확실하다.

⑦ **세파(歲破)** 영원히 태세와 대충하고 있고 또 영원히 상문·조객과 상회하고 있다. 소위 범태세(犯太歲)라는 것이 이 성이다.

세파는 천형과 유양(流羊)과 동궁하는 것을 좋아하지 않아서 만나게 되면 관재구설이 있기 쉽다. 유년명궁이나 소한에 떨어져도 그와 같은 의미가 있다.

역시 재백궁에 떨어지는 것도 좋지 않는데, 만약 무곡이 동궁하면서 또 화령이 있으면 주로 재물로 인한 큰 다툼이 생긴다.

⑧ **용덕(龍德)** 앞의 삼덕성(三德星) 중 용덕을 말한다. 용덕은 삼덕성 중에서 역량이 가장 적다.

자미와 동궁하는 것을 가장 좋아한다. 특수한 영예가 있다. 만약 명궁에 있으면 주인이 일생 중대한 재난에서 피할 수 있다. 용덕이 록마를 보면 배상금의 의미가 있다.

운에서 보면 유산이나 보험배상을 받는다. 공부하는 시기에 관록궁에서 용지가 있으면서 입명하면 장학금을 받는다.

⑨ **백호(白虎)** 항상 상문과 상대하며 관부와 상회한다. 백호와 회합하는 성이 모두 흉성이며, 주로 상병(喪病)·관비(官非)를 뜻한다.

유년·소한과 육친궁에서는 백호와 동궁하는 것을 좋아하지 않는다. 천형·유양(流羊)과 동궁하는 것을 좋아하지 않으며, 역시 천월(天月)과 동궁하는 것도 좋아하지 않는다. 둘 다 무곡화기와 동궁하는 것을 싫어하는데, 전자는 주로 관재로 인해 파재하고 후자는 주로 몸에 암질(暗疾)이 있게 된다.

⑩ **천덕(天德)** 앞의 삼덕성 중 천덕을 말한다. 천덕은 흉을 길로 화하게 하는 의미가 있기 때문에 살성이나 화기·도화성에 대한 저항력이 있으므로, 명궁이나 身宮에 있는 것을 좋아하며 운에서 만나는 것도 좋다.

천덕은 부친이나 남성의 윗사람의 덕이 있는데, 입묘한 태양이나 천량과 부모궁에서 동궁하면 일생 윗사람으로부터 제휴를 얻거나 돌봄을 받는다.

⑪ **조객(弔客)** 중요한 잡성의 하나다. 영원히 관부와 상충하며 세파·상문과 상회한다. 더욱 상문과 상회하는 특징이 있는데, 상문·조객의 한 쌍은 영원히 서로 짝이 되어 따라 다니는 성으로 상복(喪服)의 상징이 있다. 소한에서 상문·조객을 보거나 유년의 육친궁에서 상문·조객을 보고 동시에 이 궁이 유창·유곡을 회합하거나 동궁하며 다시 유살이 충회한 연후에야 비로소 그러한 의미가 생긴다.

⑫ **병부(病符)** 박사십이신에도 병부가 있다. 두 개 병부는 기본적으로 동일한 성질이 있으나 약간의 차이가 있다. 박사

의 병부는 유년을 추단할 때 쓰는데, 유년명궁과 질액궁에 좌하는 것을 좋아하지 않으며 좌하게 되면 병(病)을 뜻한다. 재백궁에 떨어지는 것도 좋아하지 않아서 주로 병으로 인해 손재하는 뜻이 있다.

단 세전의 병부는 항상 유년 형제궁에 들어가기 때문에 단지 유월·유일을 추단할 때라야 맞게 된다. 즉 유월의 명궁(더욱 유일의 명궁)에 세전의 병부가 있으면 이때야 비로소 주로 병이 생긴다. 만약 박사십이신의 병부가 중첩되면 더욱 징험하며 병의 정황도 좀 더 심해진다.

(10) 장전십이신(將前十二神)

장전십이신은 사주명리에서의 십이신살과 같다. 장전(將前)이라 한 것은 십이신이 장성에서부터 일어나서 순서대로 시계 방향으로 배치되는 그 처음에 있다고 해서 붙인 이름이다.

① **장성(將星)** 장성은 장전십이신의 머리에 해당한다. 기본성질은 역량을 대표하고 또 좋은 역량의 뜻이 있다.
비유하자면 천괴·천월과 장성이 동궁하면 기회를 획득하는 역량이 증가한다. 보필과 장성이 동궁해도 조력이 증강되며 또 직접적으로 온다. 흉성과 동궁하면 흉성의 긍정적인 기세를 강화시킨다.

② **반안(攀鞍)** 반안은 두 가지의 뜻이 있다.
첫째로 반안은 연여(輦輿 : 임금이 타는 수레)의 하나로 주로 성세를 증가시킨다. 삼태·팔좌와 비슷한 의미가 있다.
두 번째로 귀인을 가까이 하여 생기는 지명도를 의미한다.

그래서 반안은 천괴·천월과 동회하는 것을 가장 좋아한다.

③ **세역(歲驛)** 유년의 천마로 천마와 완전히 같다.
유년의 녹존이나 유년의 화록과 세역이 동궁하면 역시 록마교치의 국이 이뤄지며 명궁·재백궁·사업궁·천이궁에서는 모두 돈을 번다. 단 만약 유년의 세역과 원국의 녹존이 동궁한다면 록마교치의 작용은 일어나지 않는다.
대궁에서 유록이 충기하는 경우는 제외한다.

④ **식신(息神)** 충동력의 결핍을 의미한다. 식신이 복덕궁에 있으면 종종 소극적인 성향이 나타난다. 혹은 매사에 비관하거나 실패의 마이너스적인 생각을 하는 것을 좋아한다. 게다가 이런 생각 때문에 어떠한 노력도 안하기 쉽다.
식신은 천기와 동궁하는 것을 가장 싫어한다. 명궁이나 복덕궁을 막론하고 쉽게 그만두는 성격으로 발전하기 쉽다.

⑤ **화개(華蓋)** 생년 년지로 배치하는 화개가 있고 역시 장생의 순서를 따라 배치하는 화개가 있다. 전자는 선천의 화개로 볼 수 있고 후자는 유년의 화개로 볼 수 있다. 이 두성의 기본성질은 같은데, 실제 추명에 응용할 때 약간의 차이가

있다.

대개 명궁에서 선천의 화개와 동궁하면 그 사람이 종교·철리를 좋아하며, 살을 보고 과성이나 문성이 없으면 신비한 사물을 애호하는 것으로만 나타난다. 유년의 화개가 명궁에 있을 때는 주로 재난을 화해시키는 역량이라 할 수 있다. 이러한 화해란 순전히 개인의 의지를 발휘하는 것에 속하여 외부의 힘을 빌지 않는 수가 많다.

⑥ **겁살(劫煞)** 앞의 고독손모성 중 하나이다. 겁살은 겁탈하는 살이다. 대모(大耗)와 같이 손실의 의미가 있는 성과 만나면 그 의미는 더욱 강해진다.

음살과 만나면 질병의 의미가 더해지는데, 위험하거나 심각한 병에 걸리게 하는 것을 의미하기도 한다.

겁살이 문곡화기와 동궁하면 문곡화기의 문서적인 실수의 암시와 더불어 사기당하는 의미가 커진다.

⑦ **재살(災煞)** 비교적 중요한 잡성이다. 기본성질은 재난이 된다.

재살은 자·오·묘·유의 네 궁에 있게 되는데, 가령 목욕과 동궁하고 또 도화를 보거나 창곡화기를 보면서 유년·유월·

유일의 살기가 충회하면 종종 이성으로 인한 재난을 야기한다.

이런 재난이 간접적이라는 의미가 있어서, 예를 들어 이성 친구와 약속을 다른 사람 때문에 지키지 못하게 되는 경우가 생긴다.

⑧ **천살(天煞)** 천덕과 상대적인 의미가 있다.

천덕은 조력이나 화해의 역량을 아버지 또래의 윗사람이나 자기 상사로부터 받는 것을 의미하는데, 천살은 주로 아버지 또래의 사람이나 상사로부터 방해를 받아 파손을 초래하는 것을 의미한다. 그래서 천살은 부모궁에 들어가는 것이 가장 좋지 않다. 유년부모궁에서 천살을 보고 또 살기형성이 충회하고 있으면 이 해에는 더욱 부모 또래나 상사와의 관계를 주의해야 한다.

⑨ **지배(指背)** 기본적인 뜻은 배후에서 다른 사람이 이런저런 비방이나 시비나 뒷말을 한다는 뜻이다.

만약 지배와 문성(화과, 문창, 문곡, 용지, 봉각 등)이 동궁하면 이름이 높아 훼방을 초래하거나 재주가 높아 질투를 초래하는 등의 일이 있게 된다.

명궁에 좌해도 좋지 않으나 노복궁이나 형제궁에 좌해도 불리한데, 주로 시비와 유언비어가 아랫사람이나 동료로부터 생긴다.

⑩ **함지(咸池)** 생년년지에서 일으키는 함지와 같아서 성질상 구별할 수 없다.

유일한 차이는 장성으로부터 일으키는 함지는 유년함지로 볼 수 있다. 유년함지와 생년 함지가 중첩되면 성질이 약간 강화된다. 단 유년함지와 유년대모가 중첩하거나 대조하면 색으로 인해 시비와 시끄러운 현상을 더욱 엄중하게 증가시킨다.

함지 역시 목욕과 동궁하는 것을 좋아하지 않는다. 역시 주로 색으로 인해 손해를 본다.

⑪ **월살(月煞)** 월덕과 상대적인 의미를 가지고 있는데 이것은 천살과 천덕이 그러한 것과 같다.

월살이 띠는 재액은 음성(陰性)의 본질이 있다. 그러므로 항상 주로 여성 육친과 관계가 있다. 월살이 음살·영성을 만나면 성적으로 무능해진다. 월살이 문곡이나 문창화기를 만나면 색으로 인해 화를 초래한다.

⑫ **망신(亡神)** 기본성질은 의외의 파괴력이나, 경우에 따라서는 재록에 대한 의외의 손실을 의미한다.

여기서 '의외'라고 한 것은 '생각하지 못했던 부분'이라는 뜻으로, 사고를 가리키는 것은 아니다. 예컨대 본래 진행이 상당히 순조로웠는데 돌연히 경쟁상대가 출현하는 것과 같은 것으로, 이런 것이 의외의 파괴력이 된다. 또 돈을 잃어버리는 일 등도 재록에 대한 의외의 손실에 해당할 것이다. 대체로 망신의 망(亡)은 망실(亡失)의 뜻이 있는데, 이것을 확대해보면 낭비가 되기도 한다.

부록

명반작성법

요즘에는 명반을 포국해주는 여러 프로그램이 있어서 이 부분을 쉽게 간과하는 경향이 있으나, 자미두수를 깊이 공부하려면 명반작성법에 대한 철저한 이해가 우선돼야 한다. 명반상에 배치되는 성들이 어떠한 규칙으로 배치되는가 하는 것이 성의 본질이나 추론에 굉장한 통찰력을 주는 경우가 많기 때문에, 어느 정도 자미두수를 이해하는 분들이라도 이 부분은 다시 한 번 짚고 넘어가는 것이 좋다. 여기서는 순서만 요약한다.

(1) **시간은 음력 기준**
시가 정확해야 명반 작성이 가능하다.

(2) 12궁 위에 천간 붙이기

甲년이나 己년 생이면 인궁 위에 병을 붙여 丙寅

乙년이나 庚년 생이면 인궁 위에 무를 붙여 戊寅

丙년이나 辛년 생이면 인궁 위에 경을 붙여 庚寅

丁년이나 壬년 생이면 인궁 위에 임을 붙여 壬寅

戊년이나 癸년 생이면 인궁 위에 갑을 붙여 甲寅

(3) 명궁과 자미성을 찾는다.

명궁 인궁에서 정월을 일으켜 순행(시계방향)하면서 생월까지 간 후. 그 자리에서 생시까지 역행(반시계방향).

신궁 인궁에서 순행하여 생월까지 간 후, 그 궁에서 생시까지 순행.

(4) 십이궁 찾기

명궁을 기준으로 역행하여, 형제궁, 부처궁, 자녀궁, 재백궁, 질액궁, 천이궁, 노복궁, 관록궁, 전택궁, 복덕궁, 부모궁의 순서로 배치.

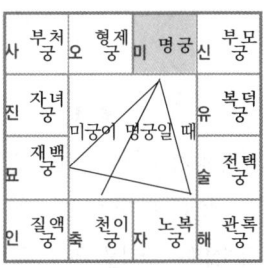

명·형·부·자·재·질·천·노·관·전·복·부로 줄여서 부른다.

(5) 육십갑자 납음표

국수를 찾기 위해 명궁간지의 납음오행을 살핀다.

갑자 을축 해중금	병인 정묘 노중화	무진 기사 대림목	경오 신미 노방토	임신 계유 검봉금	갑술 을해 산두화
병자 정축 간하수	무인 기묘 성두토	경진 신사 백랍금	임오 계미 양류목	갑신 을유 천중수	병술 정해 옥상토
무자 기축 벽력화	경인 신묘 송백목	임진 계사 장류수	갑오 을미 사중금	병신 정유 산하화	무술 기해 평지목
경자 신축 벽상토	임인 계묘 금박금	갑진 을사 복등화	병오 정미 천하수	무신 기유 대역토	경술 신해 차천금
임자 계축 상자목	갑인 을묘 대계수	병진 정사 사중토	무오 기미 천상화	경신 신유 석류목	임술 계해 대해수

(6) 자미 찾기

공식 몫수 = $\dfrac{\text{생일+보수}}{\text{국수}}$ 281쪽 도표 참조

府	府	府	紫府
府			紫
府			紫
紫府	紫	紫	紫

紫	紫	紫	紫府
紫			府
紫			府
紫府	府	府	府

자미 성계와 천부 성계는 인신궁을 축으로 해서 항상 대각선 방향에 위치한다.

자미성계는 자미를 기준으로 역행. 紫→機→○→陽→武→同→○→○→貞으로 배치.

음력 생일과 국수로 자미 찾는 도표				
생일\국	화 6국	토 5국	금 4국	목 3국	수 2국
1	유	오	해	진	축
2	오	해	진	축	인
3	해	진	축	인	인
4	진	축	인	사	묘
5	축	인	자	인	묘
6	인	미	사	묘	진
7	술	자	인	오	진
8	미	사	묘	묘	사
9	자	인	축	진	사
10	사	묘	오	미	오
11	인	신	묘	진	오
12	묘	축	진	사	미
13	해	오	인	신	미
14	신	묘	미	사	신
15	축	진	진	오	신
16	오	유	사	유	유
17	묘	인	묘	오	유
18	진	미	신	미	술
19	자	진	사	술	술
20	유	사	오	미	해
21	인	술	진	신	해
22	미	묘	유	해	자
23	진	신	오	신	자
24	사	사	미	유	축
25	축	오	사	자	축
26	술	해	술	유	인
27	묘	진	미	술	인
28	신	유	신	축	묘
29	사	오	오	술	묘
30	오	미	해	해	진

천부성계는 천부를 기준으로 순행. 府→陰→貪→巨→相→梁→殺→○→○→○→破으로 배치.

(7) 생시기준으로 찾는 성

문창 술궁에서 생시까지 역행

문곡 진궁에서 생시까지 순행

지공 해궁에서 생시까지 역행

지겁 해궁에서 생시까지 순행

태보 문곡에서 순행 3위

봉고 문곡에서 역행 3위

생년지	인오술년	신자진년	사유축년	해묘미년
화성	축	인	묘	유
영성	묘	술	술	술

(5) 생월기준으로 찾는 성

좌보 진궁에서 생월까지 순행

우필 술궁에서 생월까지 역행

천형 유궁에서 생월까지 순행

천요 축궁에서 생월까지 순행

(6) 생일로 찾는 성

삼태 좌보에서 1일 시작, 생일까지 순행

팔좌 우필에서 1일 시작, 생일까지 역행

은광 문창에서 1일 시작, 생일까지 순행 후 1보 후퇴

천귀 문곡에서 1일 시작, 생일까지 순행 후 1보 후퇴

(7) 연간 기준으로 찾는 성

성/년간	갑	을	병·무	정·기	경	신	임	계
타라	축	인	진	사	미	신	술	해
녹존	인	묘	사	오	신	유	해	자
경양	묘	진	오	미	유	술	자	축

성/년간	갑·무·경	을·기	병·정	신	임·계
천괴	축	자	해	오	묘
천월	미	신	유	인	사

(8) 사화 붙이기 - 연간 기준

갑염파무양(甲廉破武陽)　**을**기량자월(乙機梁紫月)

병동기창염(丙同機昌廉)　**정**월동기거(丁月同機巨)

무탐월필기(戊貪月弼機)　**기**무탐량곡(己武貪梁曲)

경일무음동(庚日武陰同)　**신**거일곡창(辛巨陽曲昌)

임량자보무(壬梁紫輔武)　**계**파거음탐(癸破巨陰貪)

(9) 장생 박사 태세 장전십이신

장생십이신 명리의 십이운성을 말한다. 물질의 생성변화의 과정을 12개로 구분하여 놓은 것으로, 자미두수에서는 자기의 오행국을 기준으로 하여 찾으며, 양남음녀는 순행으로 배치하고 음남양녀는 역행으로 배치한다. 명반에는 生 浴 帶 冠 旺 衰 病 死 墓 絶 胎 養으로 표기되어 있다.

박사십이신 녹존이 있는 궁에 박사가 들어가며, 박사를 시작으로 양남음녀는 순행. 음남양녀는 역행의 순으로 배치.

태세십이신 생년지를 기준하여 순행방향으로 태세, 회기, 상문, 관삭, 관부, 소모, 세파, 용덕, 백호, 복덕, 조객, 병부로 배치.

장전십이신 자기가 태어난 생년지의 삼합의 왕지(旺地)에 해당하는 궁에서 시작해 장성, 반안, 세역, 식신, 화개, 겁살, 재살, 천살, 지배, 함지, 월살, 망신의 순으로 순행.

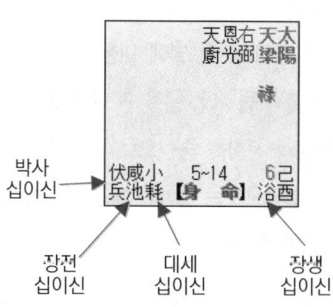

Q & A
묻고 답하기

Q 프로그램 어디에서 받나요?
A 웹하드(webhard.co.kr) 아이디 : daeyoudang 패스워드 : 9966699에서 다운받아 설치해 주세요.

Q 번들용(무료배포용) 자미두수 프로그램과 전문가용 프로그램은 무슨 차이가 있나요?
A 기본적인 명반 작성은 같습니다. 등록정보에서 사화도 원하는 대로 수정이 됩니다. 한글로도 명반을 수정해서 볼 수 있습니다. 다만 전문가용은 연운, 월운의 명반 작성은 물론 PDF로 각 별에 대한 설명도 볼 수 있으며, 프린터로 출력 됩니다. 운을 볼 때 삼방사정, 협궁, 차성안궁, 짝성과 사화를 중심으로 보는 자미두수의 특성상 일반적인 설명으로는 놓치는 부분이 많으므로 운추론은 개인이 해야 합니다.

또한 전문가용 프로그램은 인사기록사항 창이 있어 상담한 내용을 자세히 적을 수 있으며, 검색 기능도 강화되었습니다. 그 외 명리, 기문 포국, 육효, 육임 기능이 있어 함께 이용할 수 있습니다.

Q 천·지·인반은 무엇입니까?
A 『자미두수입문』 126~129쪽에 자세한 설명이 나옵니다. 천반은 자미두수 명반을 보는 일반적인 방법이고, 지반은 신궁(身宮)을 명궁으로 삼은 것이고, 인반은 천반의 복덕궁을 명궁으로 하여 보는 것입니다.

Q 생년월일시를 입력하고 명반을 보니, 명궁에 주성이 없어요.
A 대궁이라고 하는 명반의 반대편의 주성을 끌어와서 보세요. 이것을 '차성안궁'이라고 합니다.

Q 『자미두수전서』와 김선호 선생님이 쓰시는 사화가 다른데 왜 그런가요?
A 현재 김선호 선생님이 쓰시는 사화는 정통 이론으로 『자미두수전집』을 따른 것입니다. 오랜 기간 직접 임상에서

검증한 가장 합리적인 것을 선택한 것입니다. 『자미두수전서』는 자미두수의 고전으로, 쓰일 당시 사화로 명반을 그려야만 설명과 일치하기 때문에 예전 그대로 둔 것입니다. 가지고 계시는 프로그램에서도 등록정보를 보시면 사화를 수정하는 기능이 있습니다.

Q 『자미두수전서』에 보면 부모궁이나 형제궁에서 첫 대한을 시작하기도 하는데 어느 것이 맞습니까?
A 『자미두수전서』 72~73쪽에 설명이 나와 있듯이 명궁에서 대한을 일으키는 것이 가장 적절합니다. 실제 임상에서 연구한 결과이므로, 명궁에서 대한을 일으키는 것으로 보시면 됩니다.

Q 소한과 유년이 어떻게 다른가요?
A 둘 다 한 해 운을 살피는 데 쓰입니다. 유년은 유년지지와 같은 십이궁을 쓰는데, 가령 임진년의 운을 본다면 진궁이 유년명궁이 됩니다. 다음해는 물론 사궁을 중심으로 보는 것입니다. 반면에, 소한은 찾는 법이 이보다 복잡하며 필자는 소한을 사용하지 않습니다. 소한을 찾는 도표는 『자미두수입문』 105쪽에 나와 있습니다.

Q 명리학을 배운 분이 더 쉽게 자미두수를 익힐 수 있다는데 이유가 무엇입니까?

A 자미두수를 보시는 분들도 큰 틀은 명리로 하고, 세세한 부분은 자미로 보고, 결정을 해야 하는 사항은 육효나 육임 등의 점법을 사용합니다. 아무래도 역학을 하셨던 분들이 용어나 궁·성·사화를 이해하고 쉽게 접근할 수 있기 때문입니다. 하지만 점학을 전혀 모르는 초보자도 배우는 데는 지장이 없습니다.

Q 역학의 종류가 많은데, 그 중 자미두수만의 장점은 무엇인가요?

A 명궁을 비롯해 12궁을 나누어 놓았기 때문에, 나의 형제궁, 나의 부모궁, 나의 복덕궁 식으로 자신에 대해서 12가지로 나누어 분석할 수 있습니다. 명리가 8글자와 대운으로 간단하게 분석한다면, 자미는 명반에만 111개가 표시 됩니다. 12궁까지 합치면 무척 많은데, 많은 만큼 이것들이 다 추론의 재료가 되며 다양한 해석을 가능하게 합니다.

Q 대개 어느 정도 공부를 해야 자미두수로 운추론이 가능

자미가 인궁에 있을 때

거문 △ 사 38	천염상정 ○○△ 오 120	천량 ○ 미 47	칠살 ◎ 신 51
탐랑 ◎ 진 35			천동 ○ 유 23
태음 xx 묘 31			무곡 ◎ 술 19
천자부미 ◎◎ 인 65	천기 xx 축 11	파군 ◎ 자 54	태양 xx 해 15

자미가 신궁에 있을 때

태양 ◎ 사 15	파군 ◎ 오 54	천기 xx 미 11	천부미 △○ 신 65
무곡 ◎ 진 19			태음 ○ 유 31
천동 ○ 묘 23			탐랑 ◎ 술 35
칠살 ◎ 인 51	천량 ○ 축 47	천염상정 ○△ 자 120	거문 ○ 해 38

자미가 자궁에 있을 때

태음 xx 사 31	탐랑 ○ 오 35	거천문동 xxxx 미 102	천무상곡 ○○ 신 94
천염부정 ◎◎ 진 114			천태량양 △x 유 83
묘 83			칠살 ◎ 술 51
파군 xx 인 54		자미 △ 축 102	천기 △ 자 7	해 11

자미가 오궁에 있을 때

천기 △ 사 11	자미 ◎ 오 7	미 102	파군 xx 신 54
칠살 ◎ 진 51			유 83
천태량양 ◎◎ 묘 83			천염부정 ◎○ 술 114
천무상곡 ◎x 인 94	거천문동 ○xx 축 102	탐랑 ○ 자 35	태음 ◎ 해 31

자미가 진궁에 있을 때

천량 xx 사 47	칠살 ○ 오 51	미 80	염정 ◎ 신 26
천자상미 ○○ 진 61			유 71
거천문기 ◎◎ 묘 71			파군 ○ 술 54
탐랑 △ 인 35	태태음양 ◎xx 축 80	천무부곡 ○○ 자 89	천동 ○ 해 23

자미가 술궁에 있을 때

천동 ○ 사 23	천무부곡 ○○ 오 89	태태음양 △△ 미 80	탐랑 △ 신 35
파군 ○ 진 54			거천문기 ◎○ 유 71
묘 71			천자상미 △○ 술 61
염정 ◎ 인 26	축 80	칠살 ○ 자 51	천량 xx 해 47